小学館文庫

木に学べ

—法隆寺・薬師寺の美—

西岡常一

小学館

薬師寺西塔を背に語る西岡棟梁

1300年の命を伝える法隆寺西院のたたずまい

夕日に燦然と輝く薬師寺西塔（左）と東塔

目次

【読者の皆様へ】

本書は、1988年に小社より刊行された同題の単行本を文庫化したものです。

本文中、呼称や時代表記、登場人物の肩書き、また建造状況などに関しましては、本書が聞き書きであること、またすでに著者が亡くなっていることから当時の表記のまま、再録させていただきました。

予め、ご了承下さい。

小学館　文庫編集部

取材・構成／塩野米松
図版／柳柊二・大山一郎
写真／梅田正明・本社写真部
写真協力／法隆寺・薬師寺

カバーデザイン／小林真理（スタルカ）
本文DTP／橋本 郁
校正／大畑 博志
編集／最上龍平（小学館）

第一章　千三百年のヒノキ

わたしに何か話せゆうても、木のことと建物のことしか話せませんで。

しかし、いっぺんにはむりやから少しずつ、いろんなこと話しましょ。

自分のこと話すのはいややけど、宮大工とか法隆寺や薬師寺の棟梁《とうりょう》いうのがわたしの仕事だといっても、何するのかわかりませんでっしゃろ。

そのことから話しましょか。

棟梁いうものは何《なん》かいいましたら、「棟梁は、木のクセを見抜いて、それを適材適所に使う」ことやね。

木というのはまっすぐ立っているようで、それぞれクセがありますのや。自然の中で動けないんですから、生きのびていくためには、それなりに土地や風向き、日当たり、まわりの状況に応じて、自分を合わせていかなならんでしょ。例えば、いつもこっちから風が吹いていている所の木やったら、枝が曲がりますな。そうすると木もひねられますでしょう。木はそれに対してねじられんようにしようという気になりまっしゃろ。こうして木にクセができてくるんです。

木のクセを見抜いてうまく組まなくてはなりませんが、木のクセをうまく組むためには人の心を組まなあきません。

絵描きさんやったら、気に入らん絵は破いてまた描けばいいし、彫刻家だったらできそこないやったらこわして作り直せます。しかし、建築はそうはいかん。大勢の人が寄らんとできんわな。だから、できそこないがあってもかんたんに建て直せません。そのためにも「木を組むには人の心を組め」というのが、まず棟梁の役目ですな。職人が五〇人おったら五〇人が、わたしと同じ気持ちになってもらわんと建物はできません。

実際の仕事は、設計から選木、木組み、立てあげ、とこうなるわな。ところが、こういうふうに全部やるのはわたしだけや。今は設計は設計事務所、積算は積算屋がやりますやろ。分業になってますわな。

わたしは法隆寺の棟梁です。代々法隆寺の修繕や解体を仕事にしてきたんです。昔は『宮大工』とはよばずに『寺社番匠《じしゃばんしょう》』と言っていたそうです。これが明治の廃仏毀釈政策をさかいめに社より上にあった寺がなくなり、『宮大工』と呼ばれるようになったんです。

法隆寺の棟梁いうても、毎日仕事があるわけではありませんで。用事のないときは農業やっとったんです。わたしの生まれた西里という村は、法隆寺のための木挽《こび》きや左官、瓦《かわら》屋、大工がおった所ですが、法隆寺ばっかりでは食えませんので、みんなやめていって、わたしだけですわ残っておるのは。仕事ないときはお金もらえるわけやないし、お寺さんの仕事したからゆうて高いお金もらうわけやなし、しかたありませんわな。

　なぜ半分農業しておったか言いますとな、宮大工は民家は建ててはいかん、けがれると言われておりましたんや。民家建てたものは宮大工から外されました。ですから、用事ないときは畑作ったり、田んぼ耕しておりました。今はそんなことはないでしょうけど、わたしは、法隆寺の最後の棟梁という誇り守って民家作らんようにしようおもってます。それで自分の家もほかの人に作ってもらいました。

　それじゃあ、ふつうの大工と宮大工どこが違う言われましたらな、ふつうの大工さんは坪なんぼで請け負うて、なんぼもうけてと考えるやろ。わたしらは堂や塔を建てるのが仕事ですがな。仕事とは『仕える事』と書くんですわな。塔を建てることに仕えたてまつるいうことです。もうけとは違います。そんだけの違いです。そやから心に欲があってはならんのです。彫刻する人が仏さん彫るとき、一刀三礼《らい》といいますわな。わたしたちは『一打ち三礼』ですな。『千年もってくれ、千年もってくれ』と打つわけですわ。

　無になって伽藍《がらん》建てるわけですな。ですから、どんな有名なお寺見てもらっても、棟梁の名まえなんて書いてありませんでっしゃろ。自分が自慢になるからせなんだんや。とにかく、自分で仏さんにならんと堂を作る資格がない、神さんにならんとお宮さんやる資格がないと言われてます。

堂や塔を作る技術というのは、細々とひきつがれてきたんです。なにもわたしらが、新しく考えたのとはちがいます。

飛鳥時代の工人たちがやったこと、そのまんまやろうとしてるんですが、それができませんのや。

例えば、薬師寺の西塔を作ったわけですが、宮大工ゆうてもわたし一人ではなにもできません。それで、全国から寄ってくるわけです。地方から寄ってくるような人は腕に自慢の人ですわ。塔やってみよう、堂やってみようという気持ちで来ますな。そういう人はクセが強いわな。木とまったく一緒や。

ところが木は正直やが、人間はそやない。わたしの前ではいい顔してるけど、かげでどう働いているかわからん。だから、木組むより人を組めといったんですな。

そこへいくと飛鳥の大工はえらかった。なにせやね、仕事が早い。今の人は便利な工具持ってるくせに時間がかかるわな。薬師寺でもそうですわ。飛鳥の時代《とき》に、七堂伽藍全部とほかに十四棟の建物作ったんですが、それが十四年でっせ。わたしらは十九年かかってやっと金堂と西塔と中門しただけですわ。昔は工具かて今のようなもんやなくて、全部人の手でやったんでしょう。優秀な人がたくさんいたんですな。総棟梁が一人で、「おまえ西塔やれ」「おまえ東塔やれ」言うだけででけたんや。今はできませんわ。

　昔の人は立派です。

　こうやって法隆寺のように千三百年前の建物がちゃんと建っておるんですから。どこも間違うておりません。それだけの人がおったんですな。わたしは、よく人に言われます。こうして堂や塔建てられてうれしいでしょう、って。

　でも、うれしくありませんな。といいますのは、これが建築物やのうて、彫刻や絵画やったら精魂こめてやれば得心しますよ。ところが、何十人ちゅう人が集まって、それも大工だけやなくて左官も屋根屋もみんなおりますやろ。はたして、ほんとのものができるか疑わしいがな。自分ではこれ以上のことはできんとおもってますけどね、飛鳥のように名人ばかりが、ずっとやってるわけやないからね。

薬師寺の伽藍

この五年か十年のうちに大きな地震でもあって、東塔が歪《ゆが》んで、西塔がちゃんと建ってたということになれば、仕事やったなと得心できるけど、さもない限りは、もしも東塔がまっすぐで西塔が歪んだとなれば、もう腹切らなならんわ。ここの西塔は今、基壇が高くなって塔も一尺高くなってるけど、五百年もたつと東塔と同じぐらいまで沈むんですわ。そして千年たって東塔と並んで西塔が建っておりましたら、ええですがな。

樹齢千年のヒノキを使えば、建造物は千年はもつ

堂や塔を作る木のことについて話しましょう。わたしら宮大工にとりますと、木ゆうたらヒノキですがな。

ヒノキという木があったから、法隆寺が千三百年たった今も残ってるんです。ヒノキという木がいかにすぐれていたか昔の人はすでに知っておったんですわな。

日本書紀のスサノオノ尊《ミコト》の件《くだ》りに、スサノオがひげをまくと杉が生えた。胸毛をまくとヒノキが生え、尻の毛をまくとマキが生え、そして眉毛をまくとクスノキが生えた、ということが書かれています。そして、すでに用うべくを定むとありまして、ヒ

ノキは瑞宮《みずのみや》に使え、杉とクスノキは浮き宝（船のこと）にせよ。そしてマキの木は死体を入れる棺《ひつぎ》に使えと、こういうことが書いてあるんです。そして法隆寺、薬師寺もすべてヒノキでできてます。神代からの伝承を受けて、仏さんの宮居《みやい》であるところの伽藍はヒノキ一筋ということやとおもいます。

当時、ここら大和の国はヒノキがいっぱい生えてたんでしょうな。聖徳太子が斑鳩《いかるが》の宮から岡本に行かれるのに鹿がついてきたとある。鹿がいるということはヒノキがあるちゅうことです。鹿はヒノキの芽が好物なんです。そういうこともあって、この辺一帯はヒノキの山やったとおもいます。日本の風土にヒノキは合ってたんです。それと言っときますけどヒノキは日本の周辺にしかありませんのやで、同じ緯度でありながら中国にもないし、アメリカのヒノキというてるけど、あんなのヒノキと違います。ヒノキの北限は福島県です。ヒノキの自然林は。ほんで南限は台湾の阿里山《ありさん》です。その間にしかありませんのや。このヒノキと古代の建築物とは切っても切れんということです。

ヒノキのええとこはね、第一番に樹齢が長いということです。法隆寺の伽藍の材料がだいたい千年か千三百年ぐらいで伐採されて材料になってるんですわ。で、台湾に行くと二千六百、二千四百年というのがあるんです。すると法隆寺の五重塔の心柱が、この日本に芽生えたときに、台湾にも芽生えたわけで、それが残ってるわけですわな。法隆寺は今まで千三百年たってますわな。薬師寺の東塔もそのとおり。ちょうど千三百年ですわな。こんな長い耐用年数のものはヒノキ以外にはありませんわ。

マツですともう千年のものはありませんな。スギで千年か千二百くらいが最高やとおもいますね。

すごいのはヒノキのそうしたよさに千三百年前の人が気がついていたってことです。とにかくね、法隆寺を解体しましてね。屋根瓦をはずすと、今まで重荷がかかっていた垂木《たるき》がはねかえっていくんです。そこで、われわれ大工の間ではね、樹齢千年の木は堂塔として千年はもつと言われてるんです。それが実証されたわけです。

しかし、その樹齢の長いヒノキが日本には残ってませんのや。わたしらが法隆寺や薬師寺の堂や塔を建てるためには、台湾までヒノキを買いにいかなあならんです。なさけないことですよ。

しかし、ヒノキならみな千年もつというわけやない。木を見る目がなきゃいかんわけや。木を殺さず、木のクセや性質をいかして、それを組み合わせて初めて長生きするんです。

口伝では「堂塔の木組みは寸法で組まずに木のクセで組め」ということも言ってお

ります。

木のクセは木の育った環境で決まってしまうんです。そのクセを見抜かなくてはいかんわな。木というのは正直でね、千年たった古い木でも、ぽっととれば右ねじれは右にねじれてますよ。人間と大分違いまっせ。人間は朝に言うてることと夕方することと違うけどね、木というのは正直です。千年たってても二千年たってもうそつきませんわ。動けない所で自分なりに生きのびる方法を知っておるでしょ。わたしどもは木のクセのことを木の心やと言うとります。風をよけて、こっちへねじろうとしているのが、神経はないけど、心があるということですな。

そのだいじなヒノキが、今の日本にはなくなってしまったんですな。今、日本で一番大きいのが木曾の四百五十年。これでは堂も塔もできません。木がなくなったら、細々とうけついできた木の文化もなくなってしまいますな。とにかく千年かからんとものにならんのやから、個人ではあきませんわ。中曾根サン緑ミドリ言うてるけど、山の木のこと言うてるのとはちがうような気がしますな。あの人の言うとる緑は植木鉢のミドリとちゃうかとおもいます。ほんとの緑いうのはあんなもんとちがいますがな。もっと長い目で見なあきません。山というのは、わたしども人間のふところやとおもいます。人間でいえば母親のふところやとおもいます。人間というのは知恵があって、すぐれた動物やから、なんでも自分のおもうようにしようとするけどね、そんなの自然がなくなったら人間の世界がなくなるんです。そう考えたら、木も人間もみんな自然の分身ですがな。おたがい等しくつきあうていかなあきませんわ。それが、むやみに切ってしもて、もう使えるヒノキは日本にはありませんのや。

今になって、緑や、自然やゆうても……。ところが、このことにお釈迦様は気がついておられた。「樹恩」ということを説いておられるんですよ、ずっと大昔に。それは木がなければ人間は滅びてしまうと。人間賢いとおもってるけど一番アホやで。動物は食う量にしても、木や自然とうまくつりあっとる。それが人間はすぐ利益をあげようとする。昔の人は木はヒゲと同じようにおもうてたんや。伐《と》ってもええ、はやしてもええと。今は金のためならなんでも伐ってしまう。これじゃ木はなくなりまっせ。

みんな生産、生産ということよく言いますけど、鉄を生産した、石油を生産したいうても、あれは地球の中から出しただけですがな。ですけど、農山林資源は本当に作り出すんや、太陽の光合成でね。一粒の米から何十石という米ができるんや。それなのに日本は工業立国なんていいますが、工業じゃ立国できません。農業立国やないとあきまへん。でないと滅びます。アメリカはそれをよう知っとる。自分の農業を守るためにオレンジ買わし、小麦買わしてる。日本は工業立国で自動車こうてもらわんといかんと言うとるけど、これはどういうことやおもいます。日本の血と脂を売ってるようなもんです。自然を忘れて、自然を犠牲にしたらおしまいでっせ。自動車売ってもうけた金を、農山林業にかえさんと、自然がなくなってしまいます。

これは、近ごろの人が自然を尊いものと考えておらんからやね。おじいさんやおばあさんに、朝おきると太陽を拝み、空気があるんで生きてられる、ありがたいいうて拝まされたもんや。

今は、太陽はあたりまえ、空気もあたりまえとおもってる。心から自然を尊ぶという人がありませんわな。このままやったら、わたしは一世紀か二世紀のうちに日本は砂漠になるんやないかとおもいます。

木を知るには土を知れ

自然の木と、人間に植えられて、だいじに育てられた木では、当然ですが違うんでっせ。

自然に育った木ゆうのは強いでっせ。なぜかゆうたらですな、木から実が落ちますな。それが、すぐに芽出しませんのや。出さないんでなくて、出せないんですな。ヒノキ林みたいなところは、地面までほとんど日が届かんですわな。

　こうして、何百年も種はがまんしておりますのや。それが時期がきて、林が切り開かれるか、周囲の木が倒れるかしてスキ間ができるといっせいに芽出すんですな。今年の種も去年の種も百年前のものも、いっせいにですわ。少しでも早く大きくならな負けですわ。木は日に当たって、合成して栄養作って大きくなるんですから、早く大きくならんと、となりのやつの日陰になってしまう。日陰になったらおしまいですわ。

　何百年もの間の種が競争するんでっせ。それで勝ち抜くんですから、生き残ったやつは強い木ですわ。でも、競争はそれだけやないですよ。大きくなると、少し離れてたとなりのやつが競争相手になりますし、風や雪や雨やえらいこってすわ。ここは雪が降るからいややいうて、木は逃げませんからな。じっとがまんして、がまん強いやつが勝ち残るんです。

　千年たった木は千年以上の競争に勝ち抜いた木です。法隆寺や薬師寺の千三百年以上前の木は、そんな競争を勝ち抜いてきた木なんですな。

　いちがいには言えませんけど、五〇メートルの木の高さやったら、五〇メートル下まで根が入りこんでると言われてます。枝が幹から一〇メートル横にのびたら、根も横に一〇メートル根を張ってると言われます。

千年も二千年も木が育つには、土壌のほうにも条件がありますす。まず腐植土がなきゃあきまへんな。いちいち葉っぱ払って、きれいにしてたんじゃ木の栄養がのうってしまいますわ。それで腐植土の下には分厚い粘土層がないとダメですわ。そして、地下水ができるだけ低い下のほうを流れてるほうがいい。ここ（薬師寺の辺り）らへんは一メートル掘ると水が湧いてきますな。ここにヒノキを植えますと五十年ぐらいで上のほうから枯れてきます。地下水が高いから根が下に入っていかんのですな。これでは木は伸びませんな。ところが、二千年以上のヒノキが残っている台湾の山は厳しい条件のところです。

昭和六十年二月、薬師寺用の林を見に行ってきましたけど、あそこのヒノキの植わってる山には土壌なんてありませんのや。岩ばっかりです。粘板岩という粘土をおし固めたようなもんです。それが風化して割れてるんです。その間、間に水がしみ込んでいる。ほんのわずかの水をめざしてヒノキの根が岩の間に入ってくるんです。

台湾のヒノキ（尾埼謙氏・提供）

こういう条件だからこそ、二千年もの木が育つんですな。人間も同じですな。甘やかして欲しいものがすぐ手に入ったんじゃ、いいもんにはなりませんな。木いうのは人間に似てます。

環境とか育ち方が木の性質を決めてしまうです。それを証明する例が、日本の吉野杉を台湾に植えてる話ですな。ヒノキの伐採したあとに日本から持っていったスギを植えているんです。日本の行政時代からやってますので、今はこれぐらい（直径二〇センチぐらい）になってます。これを伐ってみるとわかりますが、まるで吉野杉とは違ってます。吉野から種を持っていっても全然別のものになってしまうんです。

土地によって木の性質が決まってくるんです。間違いありません。

それから言うんでしょうな、「木を知るには土を知れ」と。

せっかく、良く育った木でも伐る時期を間違えたら皆目あかんのですわ。ヒノキでも落葉樹のブナも、竹でも伐るときというのがあるんです。

昔からわたしらの間では「木六竹八」と言ってます。

木は六月、竹は八月に伐れというんですな。昔のことですから、この六月や八月というのは旧暦のことです。六月といったら、太陽暦でいえば八月です。この時期を過ぎると、木が越冬の準備をするわけですな。そのときに伐るんです。養分を充分吸いとって、これからみのり出すというときです。サケやったら筋子《すじこ》が腹に入ってるときがうまいでしょ。あれと同じことです。

竹の八月は、八月（今の十月）の闇《やみ》に伐るということです。月夜のときに伐ったらあかんのや。そうせんと虫が入る。

竹はわたしらからみるとおもしろい材ですな。木よりも草に近い気がしますが、あれでも使い方によっては長いこともつんでっせ。壁の木舞《こまい》として使ったら八百年は大丈夫ですよ。しかし、最近は壁の木舞に竹使ってるとこありませんやろ。ベニヤ板にコンコン穴あけてトロトロ流してるだけや。

今の大工は耐用年数のことなんか考えておりませんで。今さえよければいいんや。とにかく検査さえ通れば、あすはコケてもええとおもっている。わたしら千年先を考えてます。資本主義というやつが悪いんですな。利潤だけ追っかけとったら、そうなりまんがな。それと使う側も悪い。目先のことしか考えない。

長い目で見たら、木を使って在来の工法で家を建てたほうがいい。今ふうにやれば一〇〇〇万円ですむものが在来工法で建てると一二〇〇万円かかりますわ。そのかわり二百年はもつ。一〇〇〇万円やったら二十五年しかもたん。二〇〇万円多く出せば二百年もつ。どっちが得か考えてみなさい。

なぜ二〇〇万高くなるか言うたら、つまらん理由なんですわ。在来工法ですと柱と柱の間が二間で、四・二五メートルの材木でないとほぞが刻めないんですね。そやけど四メートルで切ってしまいますのや、材木屋が。規格ゆうてボルトでさっととめる。ほやから在来工法でやろおもたら、材木を特別注文せにゃならん。それで高うなるんですわ。

建築規準法も悪いんや。これにはコンクリートの基礎を打回して土台をおいて柱を立てろと書いてある。しかし、こうしたら一番腐るようにでけとるのや。コンクリートの上に、木を横に寝かして土台としたら、すぐ腐りまっせ。二十年もしたら腐ります。やっぱり法隆寺や薬師寺と同じに、石をおいてその上に柱を立てるというのがだいじなんです。明治時代以降に入ってきた西洋の建築法をただまねてもダメなんや。

そこへいくと、千三百年前の飛鳥時代の大工は賢いな。大陸から木造の建築法が入ってきた。中国の山西省應《おう》県に佛宮寺《ぶつぐうじ》という六百年前の八角五重塔があるんですが、これは直径二九メートルもあるのに軒先が二メートルほどしかない。ところが同じ八角でも夢殿は径が一一メートルなのに、軒の先は三メートルも出てる。ちゅうことはや、大陸は雨が少ないのやおもいますよ。ところが大陸の雨の少ない建築を学んだけれど、飛鳥の工人は日本の風土いうものを本当に理解して新しい工法に変えたちゅうことです。基壇も高くなってます。こういうのを賢いゆうんですわ。今みたいに、なんでもそのままねしたりせんのや。軒が浅くてはあかんぞと考えたんですな。徐々にやったんやなくて、そのとき一遍で直してるんです。

こうゆうのを文化いうのとちゃいますか。それを法隆寺を知らなんだら文化人やない言うてぎょうさん人が見に来ますがな、ネコもシャクシもみな法隆寺や。ちっとも法隆寺のことわかってないのや。ただ古いからゆうて見にくる。ただ古いのがええんやったら、その辺の土や石のほうがよっぽど古い。何億年も前からあるねんで。そやありませんか。人間が知恵だしてこういうものを作った。それがいいんです。それが文化

法隆寺・夢殿の軒

です。それを知らずに、形がどうや様式がどうやいうのは、話になりませんな。法隆寺ができてから千二百八十年たって解体しました。そしたら四隅の隅木《すみき》がね、五重やから五つありますけど、それが下から一直線にスーッと立ってます。千三百年前に作ったままでんがな。ということは「木のクセ」をちゃんと知っておったんです。

ところが、鎌倉時代はそんなこと知らんもんやから修理をケヤキでやった。だからこんなふうにそっくりかえるんです。木をクセで組んでないということや。自然から離れてしまっていったんや。建築物は構造が主体です。何百年、何千年の風雪に耐えななならん。それが構造をだんだん忘れて、装飾的になってきた。一番悪いのは日光の東照宮です。装飾のかたまりで、あんなんは建築やあらしまへん。工芸品です。人間でいうたら古代建築は相撲の横綱で、日光は芸者さんです。細い体にベラベラかんざしつけて、打ち掛けつけて、ぽっくりはいて、押したらこけるという。それが日光です。室町時代以降、構造を忘れた装飾性の強い建築物が多くなってますな。そやから、何回も解体せなならんのですわ。

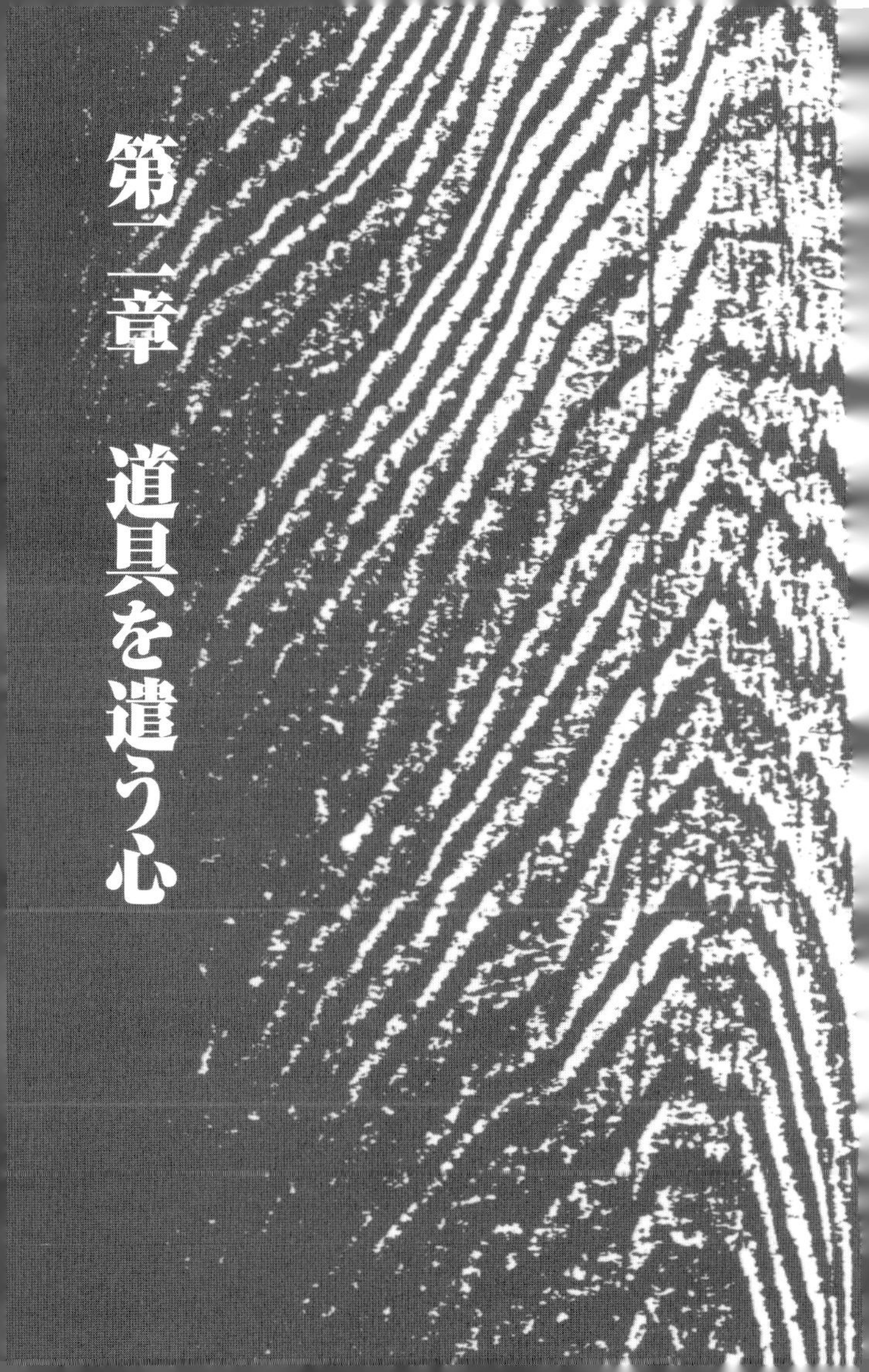

第二章　道具を遣う心

道具のこと少し話しましょ。

これが法隆寺の古釘《ふるくぎ》で作ったヤリガンナです。

ヤリガンナは室町（時代）ごろから忘れられておった。だが、昔の人の削った柱見て、触ってみると、台ガンナや手斧《ちょうな》じゃできん肌ざわりと実にいい曲線が出てる。何で削ったんやろとおもうて調べて、正倉院にあった小さなヤリガンナを元に再現したんやが、鉄が悪くて切れんのですわ。それで堺の刀鍛冶《かじ》に頼んで法隆寺の古釘を使ってヤリガンナを仕上げてもらった。これが切れるんですな。

鉄がそれぐらい違うんや。

どうやって使うか言いましたら、腰のとこでためて、前にも押すし、手前にもひく。微妙なもんやけど、使うことだけやったら、そんなにむずかしいことない。再現するまでのほうがたいへんやったな。

このヤリガンナから見たら台ガンナは機械みたいなもんや。

ヤリガンナは飛鳥時代からあったもんやから大陸からきたんやろな。

室町からあとだれも知らんかったんやろが、同じようなものをおけ屋が使っておった。ずいぶん刃がへってしまったな、これ。サヤががたついてきてしもうた。一年でこうなるものもあるんや。それぐらいよく使い、刃も柔らかいんやな。

法隆寺の古釘で作ったヤリガンナ

この同じ形のもの東京の『木屋』で売っとる。昭和四十六年やったかな、木屋へ寄ったら「あんた誰や」言うから、西岡や言うたら「ヤリガンナいうもの教えてくれ」言うんで教えてやった。

それからしばらくして、電話でヤリガンナ欲しい言う人がおったんで木屋にあると教えてやったら、後で電話寄こしたんや。「一丁七万五〇〇〇円やて」。

その人は大工やないで、どっかに飾っておくのやろな。

これが木屋のヤリガンナ。これが播州・三木のもんや。

三木はずっと昔から鋸《のこ》専門、ノミ専門、カンナ専門の鍛冶屋がおって、いいもん作っておった。しかし、技術はよく残っていても鉄がダメやから同じこっちゃ。いい鉄はもうあらへんな。

もう亡くなりましたけど、宮入ゆう有名な刀鍛冶は、法隆寺の古釘でしかいいもんはできんと言ってましたで。

これからは古い寺の修理のときに出る古釘を頼りにせなあかんのやが、それもわたしらにはよう手に入りませんやろ。刀鍛冶がみんな買っていきよりまっしゃろ。あの人たちは高い金で買うても、高く売れれば元がとれますけどわたしらはそうはいきません。

それを道具にして堂や塔を建てるんです。高い道具使ったからって、たくさんお金もらえるわけやなし、いい道具使うのは自分のためであり、あたりまえのこっちゃからな。そのあたりまえのいい道具が手に入らんゆうのはつらいなあ。

わたしらちょっとぐらい高《たこ》うても一生もんの道具が欲しいんやが、今作られてるのは安物で、初めはいいがすぐ使えんようになるようなもんばっかりでっしゃろ。何回もとりかえているうちに、かえって高いもんについてしまう。

斧（オノまたはヨキという）ゆうのは、えらいでっせ。

生きた木を伐るのも、切った後荒削りするのも、割るのもみんな斧です。

斧の刃のところに筋が刻まれてますやろ。これは何だかわかりますか。

こっちに三本、反対側に四本筋が入ってます（三七ページ下写真）。

三本のほうをミキいいます。ミキつまり御酒のことですから「酒」でんな。

そんで四本のほうがヨキゆうて五穀のことです。ヨキは四大「地水火風」をあらわしてます。地は地面、水《みず》は水、火は太陽、風は空気でんな。つまり四方山《よもやま》の山海の珍味いうことでしょう。

こうした刻みを入れた斧を、木を伐る前に、その木にもたせかけて拝むんですわ。

「これから木伐らしてもらいます。ありがとうございます」ってな。

そのとき本来なら、お酒や五穀をお供えするんでしょうが、山の中ですから、こういう形で斧の刃のところに彫ったんでしょうな。

それが、今の新しい斧じゃ、そんなことない。

鍛治屋が何で、刻みがあるのか知らんし、使うほうも知らんのや。

木一本伐るにも、自然に対して感謝する気持ちがなかったらいけませんな。

電気工具ゆうのが出てきて便利がられておりますな。昔は手斧使ったところを、電気ガンナでブーンとやってしまいます。堅い木でも柔らかい木でも、ねじれた木でも、みな同じでんな。

横向いていても大丈夫、話してても木は削れていきます。

ところが手斧やったら、そんなわけにはいきません。自分の足に向かって刃振るんですから、よそ見してたら自分の足切ってしまう。向こうずねふっとばしてしまうんや。

電気ガンナと手斧使うんでは、人間の気持ちが違う。電気使《つこ》うておったら、仕事に身がはいらん。手斧の刃は自分の足のほう向いてるんでっせ。使うのに油断もスキもあったもんやない。

しかも手斧は、力を入れな切れんでしょ。それもただ力まかせやなくて、チャッとためて、切ったら止めなあかん。ためる力がいる。

＜写真上＞左は片手斧。片手で使うもの。真ん中が、古い形の斧で、くさびの形が長年積み重ねられた使いやすさにかなっている。右は最近のもの。くさびの形はうすく、木になじみにくい

＜写真下2点＞斧には三つの筋（右）と四つの筋（左）が刻まれていて、これは供物のかわりである

電気ガンナは回転や。回転というのは削るんやなくて、千切ってるんや。あんなもん切るのとは違うわ。

それが、こういう手斧やったら、本当に刃で、スカッスカッと削る。

仕上げに「ヤリガンナ」使《つこ》うたら耐用年数が違う。長いこともちますのや。

電気ガンナで削ったものとヤリガンナで削ったものを、雨の中さらしておいたらすぐわかるわ。電気ガンナで削ったものやったら一週間でカビが生えてくるわ。そやけど、ヤリガンナやったらそんなことありませんわ。水がスカッと切れて、はじいてしまいます。

電気ガンナは回転で繊維千切ってるんですから、顕微鏡で見ましたら、毛布みたいなもんでっせ。けばだっておって。だから水はいくらでもしみこむわな。

電気の道具は消耗品やが、わたしらの道具は肉体の一部ですわ。道具をものとしては扱いませんわ。

それと道具も自分だけのものやと考えるのは間違いです。形ひとつにしても今決まったんやない。長い長い間かかって、使うにはこの形がいいと決まったんですから。

わたしらの家では、お正月に、ほかの神さまと一緒に代表的な道具を祭りまっせ。

それと道具にもノコギリはなんとか菩薩《ぼさつ》、手斧はなんとか菩薩ゆうて仏さんの名ま

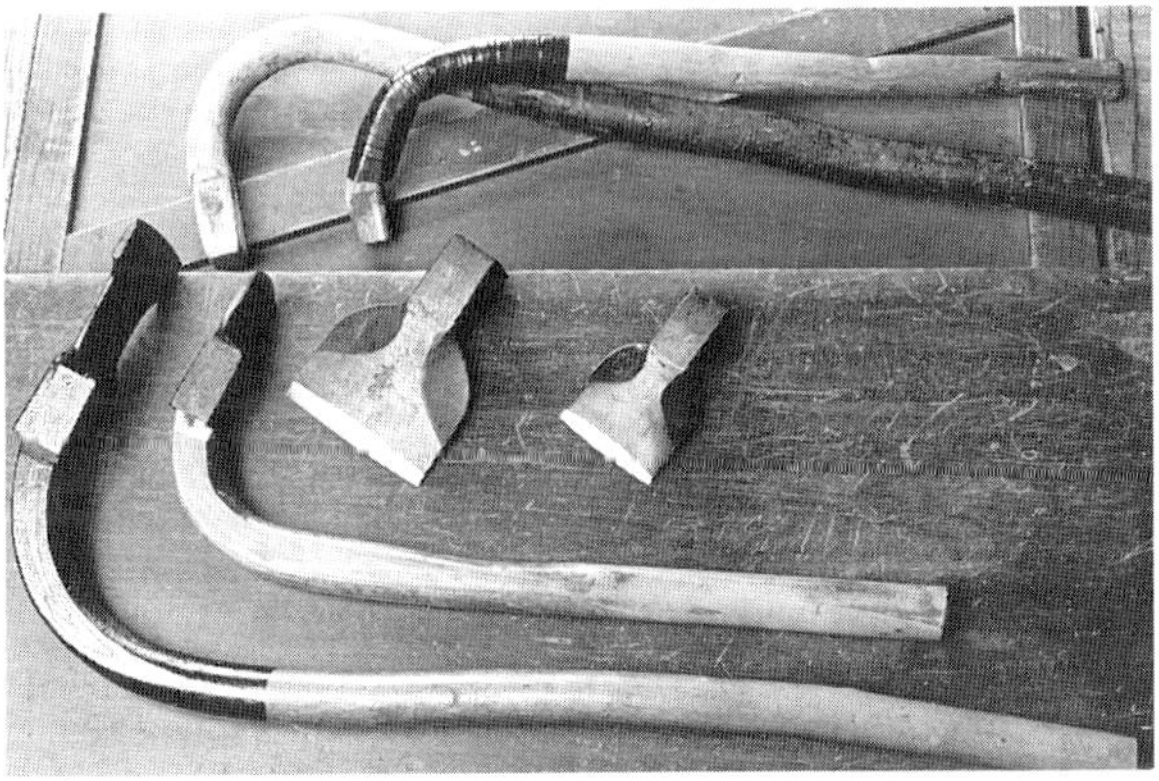

▲手斧

▼宮大工の神器

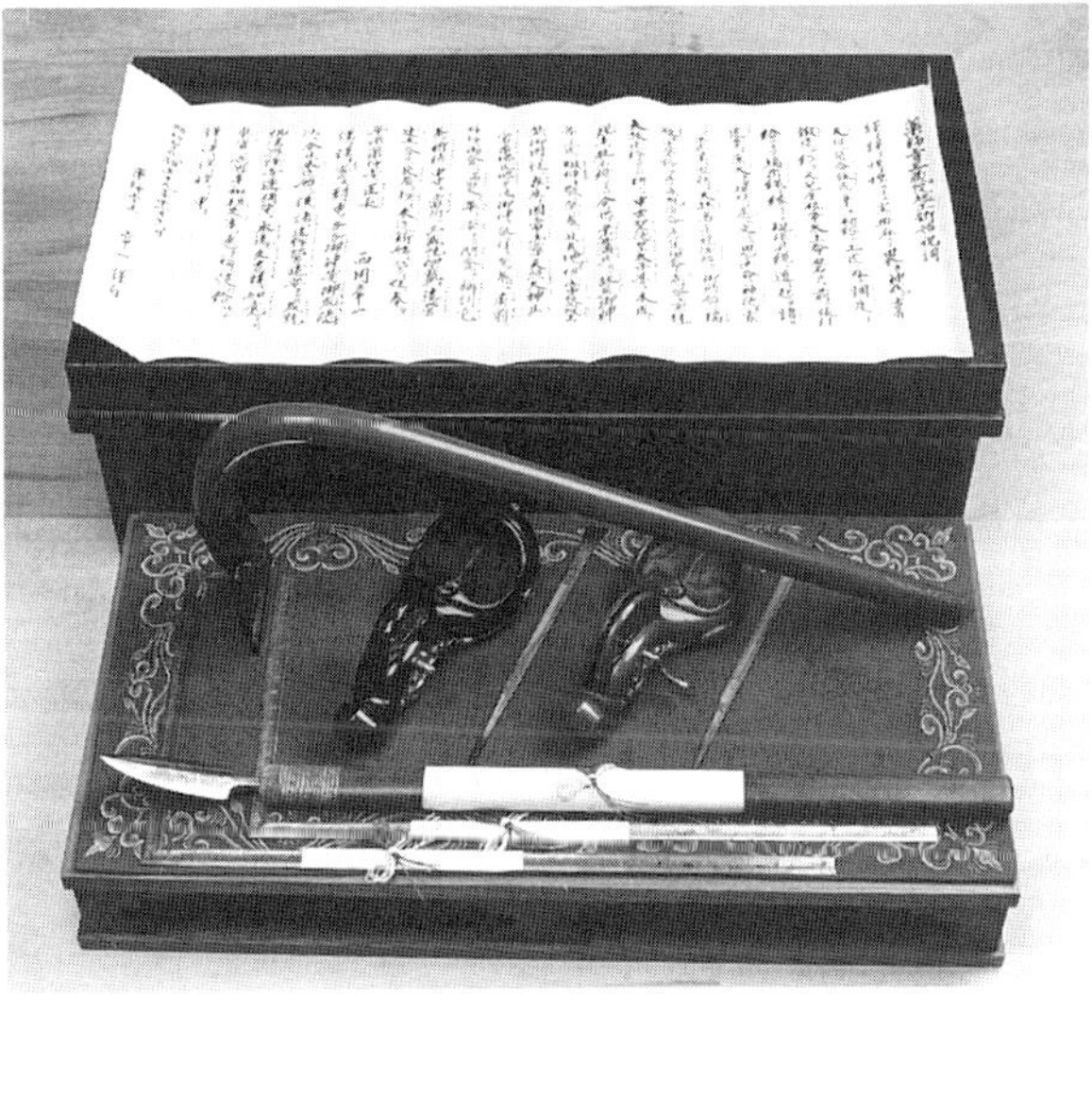

えがありますのや。

大工道具の基本的なものゆうたら、斧、ヤリガンナですか。ノコギリは室町か鎌倉時代の後のほうやな、出てきたのが。

これ見てみなさい。

こっちが昔の斧や。それでこいつが今のやつや。

形はよう似てまっせ、昔からの道具に。しかし、形作れても心がわからんのや、今の人は。

この斧は見た目はいいけど、薄すぎて木に打ち込むと抜けんのや。ほやけど、こっちゃったらパンと割れますのや。

形がちゃんと体験で、一番いいように作られておったんや。楔《くさび》の形しておるやろ。見てるだけじゃわかりませんわな。

使ってみて、研いで初めてわかるんですな。

時代が進歩した言いますけどな、道具はようなってませんで。

今のは鉄の質が悪い。明治になって熔鉱炉使うようになってから悪くなった。鉄鉱石をコークスで熔かして作りますやろ。

高温短時間でやってしまう。このほうが利潤は多いやろけど、鉄はけっしてええことなないのや。鉄はじっくりと温度あげていかないけません。

昔はコークスなんてなかったから、熱源に松炭燃して、砂鉄使ってました。

そういうふうにして松炭と砂鉄で作った鉄がこれや。今の鉄のようにチャラチャラしておらんよ。

いいもんやったら仕事の前に研いでおけば、一日使えるが、そうやなかったら何回も研がないかんわ。一回使っちゃ研いで、削って、また研いでじゃいい仕事はできんわな。

宮大工の教えに「道具は得心がいくまで研げ」というのがあります。得心がいくまでというのは、これ以上研げんということですな。そうすれば、道具は、頭でおもったことが手に伝わって道具が肉体の一部のようになるということや。わたしらにとって、道具は自分の肉体の先端や。

今の鉄ではいい道具は作れませんな

鉄が悪いちゅうことは大工の使う道具が悪うなったいうことですな。こまったもんや。

科学が発達したゆうけど、わしらの道具らは逆に悪うなってるんでっせ。質より量という経済優先の考え方がいけませんな。手でものを作りあげていく仕事の者にとっては、量じゃありません。いい物《もん》作らなあ、腕の悪い大工で終わりでんがな。

こう考えますと、飛鳥の時代から一向に世の中進歩してませんな。今、わたしら堂や塔を建てる大工が一揃《ひとそろ》いの道具を揃えますと、二七〇種類ぐらいになりますやろな。ふつうの大工さんで七〇種類ほどでっしゃろ。

このほとんどが鉄使った道具なんですから、いやになりますわ。

これが昔の鉄で作ったノコギリです。そこで、こっちが今のノコギリ。見ただけで、今のはチャラチャラしてまんな。昔のはこんなにチャラチャラしとらへん。まず、鉄の色が違います。しっとりして重さが感じられますでしょ。それと錆《さび》。今の物は、こういうふうに錆び始めたら、もうあかんのや。すぐに裏側まで錆が抜けてしまう。鍛えてないからな。板金に目ヤス入れただけでっしゃろ、このノコギリは。古いやつは、本当に鍛えてあるんでっせ。刀を作るみたいに。これなんかやったら、少し錆が浮いても、裏まで通るということはないんや。

だから、今のノコギリは錆びんように気い遣わないかんし、仕舞い方がたいへんや。

それにしても、この古いノコギリは底光りしてまんな。今のは上っ面《つら》だけや。底まで光っとらんのや。

いいでっか。どんぐらい違うか。音聞けば、わかります。

ほれ、昔のほうはなかに音が吸収されるようにゴンゴンといいまっしゃろ、それがいいですか、今の新しいピカピカのほうたたきまっせ。トタンかブリキでもたたいてるみたいに軽くチャラチャラいっとるでしょ。

この古いほうは、「よろい」を専門に作っておった鍛冶屋さんが打ってくれましたのや。今もその鍛冶屋さんの息子が作ってるそうやけど、二〇〇万円もするそうでっせ。

砂鉄から作った鉄を一枚を二枚、二枚を四枚ゆうふうに伸ばしちゃ畳んで鍛えたもんはやっぱり違いますな。

木を切ってても、木に良いノコギリはひっつくんでんな。今のは味気ないもんや。ノコギリの柄は、何の木で作ってもええわけやないんですよ。ノコギリの柄は昔から桐で作ったもんや。なんで桐か言いましたらな、仕事してても手が熱うならんのや。手が焼けませんのや。

そんなこと知らんとヒノキで柄作ってるものもあるのや。このヒノキのノコギリ使っておったら、手が焼けてくるんや。それに柄には籐《とう》が巻いてまっしゃろ。これ飾りとちがうんでっせ。

手がすべらんようになっとるんです。そのためには、籐は刃に近いほうに少しだけ巻いてあればいいんです。それが今のは見てみなはれ。柄全部に巻いてありまっしゃろ、これじゃ余計にすべってしまう。

こんなのいらんこっちゃな。

西洋のノコギリと日本のノコギリとは違いますな。西洋では押しますし、日本ではひきます。これは、性格の違いや。押すというのは細かい仕事ができないということでんな。なぜかというたら、こういう薄いノコは手前へひくから薄くてもいけるんです。押そうとおもったらこんなもんじゃ押せませんがな。ですから、精密な仕事ができませんな。西洋人の頭のなかいうのは、わりに雑なもんでっせ。

時代とともに道具も変わってきましたんですな。ノコギリゆうのはそんなに古いもんと違いまっせ。せいぜい鎌倉か室町ごろから使い出したんですわ。それまでは、みんな割っとったんですな。近ごろではカンナが要らんようになってきましたな。なんでも合板ですから、切るだけ。それも電気ノコギリ一丁あればすんでしまいます。

電気ノコギリゆうのは結構きれいに切れまっせ。木が柔らかかろうが堅かろうが、

右から2番目のノコギリは、大きな木を倒すもの。
3番目は、大きな木から柱などを作るときの仕上げ用

ギーンでっしゃろ。

それがノコギリやったら、木を見て柔らかいとか堅いとか調べてノコギリの歯の目立てしますのや。

それでひきながら右にいったら、そうせんようにしながら切っていきます。電気はそんなことおかまいなく、なんでも同じこっちゃ。

ノコギリにもいろいろあるけど、繊維を横に断つものと、繊維に沿って切るものの二つやな。呼び方はノコギリの長さで呼んでるんや。一尺の刃渡りのものは「尺」、これは一尺二寸やから「尺二」。

歯の大きさでいえば、横に繊維を断つようにするのが「江戸目」、縦に切るのが「バラ目」。昔はほとんど横に断つノコギリしか使っとらんな。

この背中に補強のついたのは、すごく薄いんですわ。これはずすとベロベロや。わしら宮大工はこんなん使うの少ないけど、昔のええ建具の職人は障子のサンを組むのにこういうの使ったんや。厚い大きなノコギリやったら細かいとこ欠けてしまうんで

一番上のノコギリは一尺二寸あるので「尺二」とよばれる

すわ。

この目はケシ粒ほどに細いんで「ケシ目」とか「ヒッキリ」とかいうんや。これで切った跡はカンナなしでも、ピッタリ合ってしまう。

曲線切るときどうしたかって？　別に特別なことない。ふつうのノコギリで切っていきましたな。ノコギリを曲げて使ってるだけやな。

糸ノコみたいなもんないな。

糸ノコに似てるもんはある。これや。これも古い鉄で作ったもんや。目が荒いやろ。これは竹を切るのに使った。昔はブリキなんかないから、雨樋《どい》作るのに竹使った。これなんか見てみい。途中で一回折れたのつないで使《つこ》うてるんや。こういう修理も全部自分でやらなあきませんのや。タガネで穴あけて釘打ったんです。こうやって大事に使わな、もういい鉄は手に入りませんからな。

しかし、わたしはもうこういう道具使いませんのや。使わないゆうんやなくて使えんのですな。

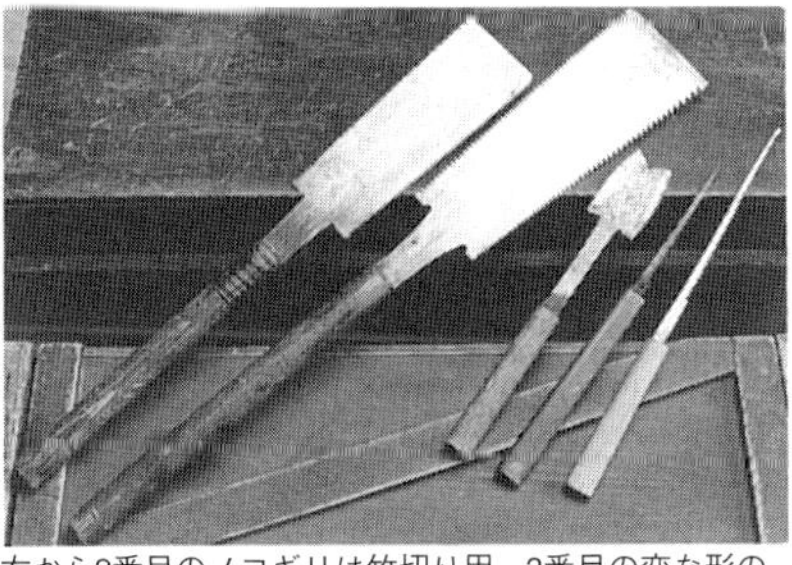

右から2番目のノコギリは竹切り用。3番目の変な形のものは戸やフスマの溝を作るためのもの

七七歳でっしゃろ。昔の職人ならもうとうにやめてますよ。六五歳が限度です。なぜかいいますと、研ぎができん。本当にピシャッと研げるのは五〇歳代が一番やな。それ過ぎたら研ぎがだんだん衰えます。

そしたら道具使わなくなりますな。道具離れて、ソロバンで勘定したり、設計したりが専門になります。ところが六〇歳過ぎて老眼鏡かけたら、この図面もあかんですね。精密なことができませんわ。図面から原寸大の図面をおこすんですが、それまでぐらいならできますけどな。細かい図面やったら、鉛筆の線一本でできあがりのもので一寸も二寸も狂ってしまいまっしゃろ。

この原寸大の図面（体育館の小さいような所に合板をくっつけ合わせて、敷きつめてある。その上に、できあがる建物と原寸大の図面をひいてある）をひいて、初めの設計図が間違ってないかを検査するわけや。それで間違いがなければ、今度は型板を作って、タルキならタルキ、マス型ならマス型と寸法を決めていって部品を作るわけですな。

昔はこんなことしませんで。柱の上から桁の上まで何ぼって決めてるだけで、あとはもうそれぞれの大工が自分のおもい通りにやるんですわ。

今はノコギリでひくから寸法どおり四角く切れますが、昔は材を割って作ったんや

作業原寸図

からね。

　まっすぐに割れたとおもっても、でこぼこしてるでしょ。そやから、でこぼこしてひっこんでいる所は、マスを高くしておく、さがっている所はマスを低くしておく、そうでないとできません。すべてが規格どおりにはいかんのや。そんなこと知らんで、今の学者はていねいにひとつずつマス測ってやね、どれが本当かわからんちゅうとる。

　今のように、なんでも人間のおもったとおりにできるのがあたりまえとおもっているのがおかしいのや。

　木も人間も自然のなかでは同じようなもんや。どっちか一方がえらいゆうことはないんや。

　互いに歩みよってはじめてものができるんです。それを全部人間のつごうでどうにかしようとしたら、あきませんな。

　道具というものもそんなもんでっせ。機械やないんや。人間の体の一部だとおもって使わなくてはなりませんな。

　ノコギリはその代表的なもんです。

　使ったら、ていねいに目を立ててやって、木の柔らかい堅いに合わせて、目の立て方を変えてやるんです。

鉄と木だってそうです。木にぴったり合う鉄を使ってこそ、いい道具と言えるんです。

道具の形にはそれぞれ意味がありますのや

みなさんはあんまり和釘《わくぎ》ゆうもん見たことないでっしゃろ。これが法隆寺の心柱の副木《そえぎ》をとめた釘でっせ。これは大きいけど、小さいもんでも形は同じですな。

この和釘も刀鍛冶が作ったものです。刀鍛冶しか打てませんな。そやから、この心柱を止める釘一本買うのに普通の釘が五貫目買える。

それでも、この釘かて作るときに手槌《てづち》で打たずに、空気ハンマーで打っとる。昔のものに比べたら、やっぱり品が悪いわな。

みなさんが使うてる釘は、洋釘といって頭に丸いもんがついてますな。あれは打ちやすいように頭がついとるのとちがいまっせ。あの頭がないと釘が止まらんのや。頭で板を押さえつけてるわけや。ところが、この法隆寺に使うた釘は、釘全体で木を押さえつけとる。洋釘やったら頭が腐ればストンと抜けてしまうけど、和釘やったらこの頭の部分が腐っても、全体が楔になっとるから、絶対に取れません。

命を考えとるんや。耐用年数ちゅうもんを念頭において釘を作っとるんですな。

今の釘は、今がよければいいんや。

こんな長い釘をどうやって打ちこんだかって？　今なら、簡単にドリルで穴をあけて打ち込むからわけないわな。でも、それやったら楔の役が薄くなりますな。昔の人は、まず、のみで彫るわけや。そんで、先が届かなんようになると打ち込みというのをやって抜くんや。打ち込んでは抜き、打ち込んでは抜きして、その後でこの釘を打ち込んでいくんや、大きな釘やったら、一本打つのに半日位かかるのとちゃうか。

丸い小さな穴に、四角い釘がギッシリと入って押さえるんやな。半日かかってようやく打ち込んだ釘は千年もの間建物をささえる役目をしますな。

それが、そこらの洋釘やったら、二十五年しかもたへんな。

この釘は上に錆止めが塗ってあるけど、昔はこんなことせんでも錆びません。

でも、こういう和釘は今でも使うとるんでっせ。木造船作る人たちは、みなこういう釘使うてます。これで打ち込んで釘を打つ。そうやないと、水がもってしまうんや。海水にふれて人の命のせてる船に使う釘ゆうたら、やっぱり生半可なもんは使えんわな。和釘ゆうのはえらいもんや。その和釘を、ひとつの塔作るのに、三〇〇〇から五〇〇〇本ぐらい使うてるんです。

木に穴をうがつのにのみを使いますな、のみにも時代ごとにいろんな形があります。

つばのみ（右）と和釘

これ（写真①五五ページ＝以下同）が飛鳥型ののみや。兵隊で満州（中国東北部）へ行ったとき、町ん中ぶらぶらしとったら、大工が仕事しとったんや。そのようす見てたら、どうも絵文書で見てた飛鳥ののみと同じ型やね。ははあ、ここはまだ、あんな型が残っとるんやなと、こうして買うてきたんや。八〇銭やったな。

この鉄はいい。

あすこはね、鉄匠《テイジャン》というやつがおってね、自分で使う分だけを自分でルツボに入れて道具を作っとるんやで。それで、こういうふうに柄になる部分をたたき出すような細工ができるんや。

自分で鉄を伸ばして、曲げてな。ここに柄をつけるんやね。

日本では江戸時代から、みんなこういう（写真①）形や。こうしておくと、刃がへっても、五分なら五分でいつまでも刃の幅が変わらんわな。

ところが、この飛鳥型のものやったら柄に近くなるにつれて細くなってるから初めは八分やけど、六分になり五分になる。便利悪いわな。でも、実際に使うて穴を掘ってみたら、飛鳥型がずっと使いやすい。

ほかにもこの飛鳥型ののみは使い途《みち》があるんでっせ。

前に、手斧《ちょうな》について話しましたな。曲がった木で柄をつけたやつでんな。あれも刃

①一番右が飛鳥型ののみ。中2本は江戸時代型のもの。左は江戸時代のものをまねて作製

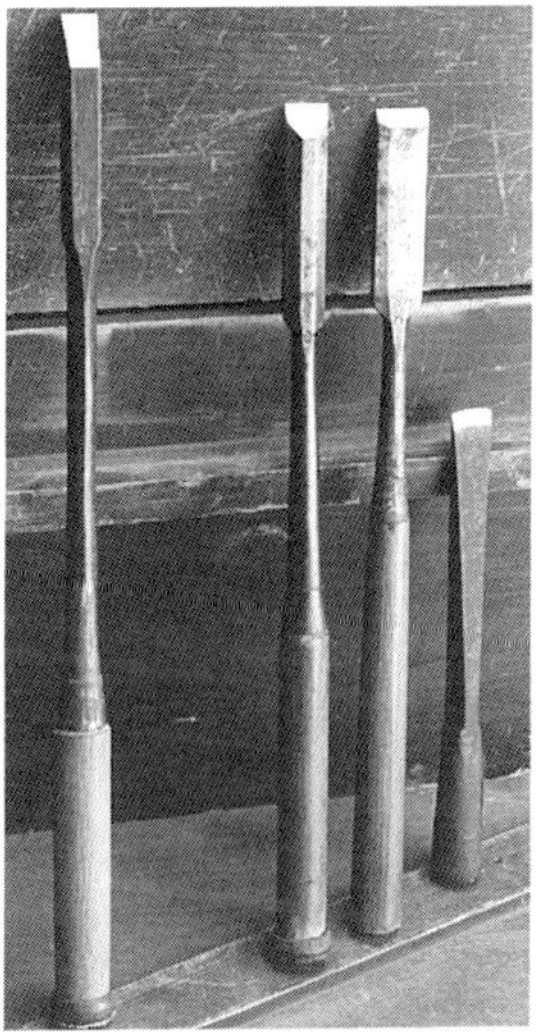

④追いこみのみ

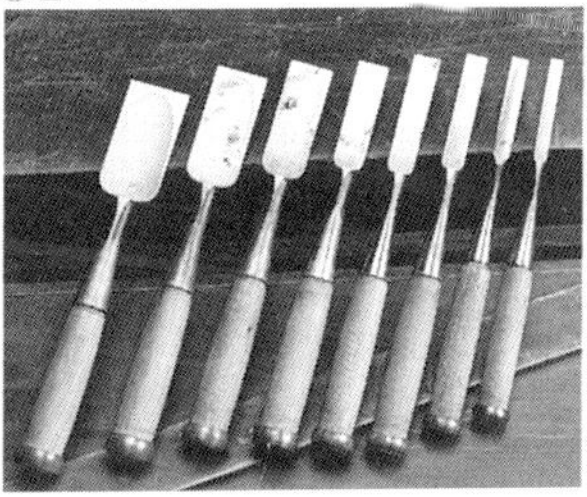

⑤つきのみ

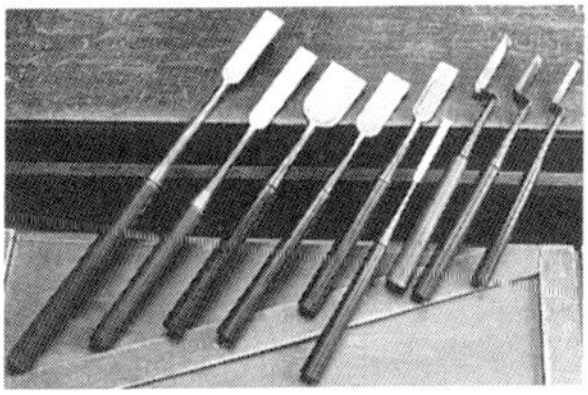

②たたきのみ

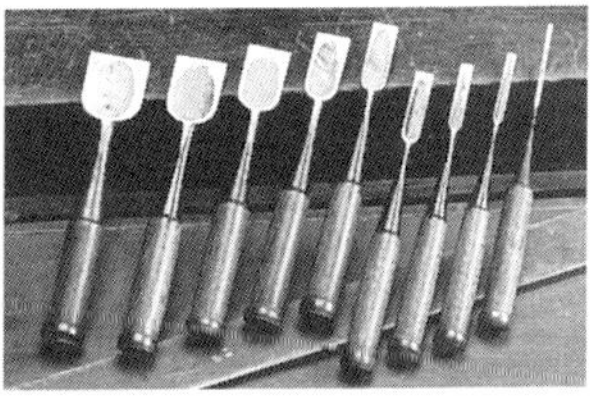

⑥丸のみ

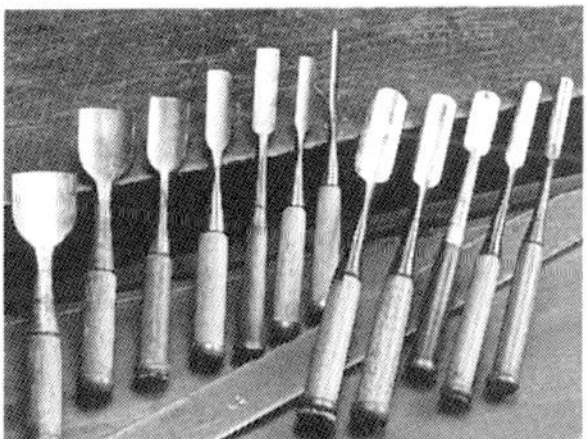

③中たたき

の型はのみに似てましたやろ。

飛鳥型ののみの根元に、曲がった柄をつけましたら手斧の代わりに使えますのや。のみを斧の代わりに使いよったん。これひとつとっても今の大工みたいに下手じゃないんです。ひとつの道具でいろいろ使いよる。今の大工は下手やから、いろんな道具がないと仕事できへん。道具多く持ってるやつほど下手や。

のみの裏にミゾの彫ってあるのがありますやろ。それは幕末から明治にかけてですわ。このほうが使いやすいし、研ぐのに便利ですな。

ミゾというかうしろの凹《へこみ》がないと研ぐのに技術がいりまっしゃろ。道具の形というのは、そんなに変わるもんやない。長い間使うて、決まってきた形やからな。変わるとすれば、作ったものの良し悪しより、便利さの上での変化でんな。

その一番大きな変化が電動工具でんな。木のことより、作る側の便利さだけで作られてるんです。これは便利ですわな。ギャーンとスイッチ入れればいいんですからな。でも、これでええかと言いましたら考えもんでっせ。

のみの柄はだいたいが樫《かし》の木でできてます。堅い木がどうしても必要ですからな。なかには贅沢なものもあります。これは黒檀《こくたん》、これは紫檀ですな。

のみにもいろんな種類がありますな。

順に並べると（写真②〜④）、これが「たたきのみ」、一番大きいでんな。これはもう減って短《みじこ》うなってますけどな。次が「中たたき」「追いこみのみ」「つきのみ」（写真⑤）の順ですな。

それと形が違うものでは「丸のみ」（写真⑥）がありますな。「つきのみ」は柄のうしろに鉄の環がついてませんでしょ。これは、たたかんやっちゃ。手でついて使うんです。のみは刃の偏によって呼び方が違うんですな。というより穴彫るときの大きさに基準があるんです。一寸四分、一寸二分、八分、六分ちゅう具合でんな。

このこのみは彫り物用ですな。彫り物ゆうても仏像を彫ったりするんやなくて建築用の彫り物ですな。こういうものは、古代建築では、ほとんど使うことありまへん。のみの表《おもて》はこっちでっせ（写真で見えているほう）。

彫刻用ののみや彫刻刀なら、木屋にいきましたら、いいもんがありまっせ。私も欲しいもんが、ぎょうさんある。いいのみがあるわ。けど高い。あんだけ高いと大工道具としては使えん。彫刻屋さんでないととても使えませんな。

先ほど「つきのみ」の話をしましたな。その「つきのみ」の中に「こてのみ」というこういう（写真⑤右の三本）ものがはいりますな。

これは「たたきのみ」で穴を掘ったあとスカッと仕上げるときに、この「こてのみ」でまっすぐに削るんです。そういうときののみです。

スパーンと見事に仕上がりまっせ。

こういうのみを使いこなす人はええ仕事をする人ですな。

例えば、書院の違い棚の板がありますな。三方止めといって、どこにも木口《こぐち》が見えない。それは、このの みでチョーッと削ってある。書院のまわりを作るような人は上手な人が多い。ふつうの大工さんはこんなもんいりませんし、使いません。

かなづち

これが「つばのみ」（五三ページの写真）。刀というか、不思議な形してまっしゃろ。和釘を打つときに穴をうがつのに使うやつでっせ。

木に穴をあけるために、かなづちでたたき込みますな、それで入らなくなりましたら、このつばのところを逆にたたいて抜くんです。ほれ、長いこと使っとるとこないにつばが曲がってしまいましたわ。

そうでんな、きりに似てますな、使い途は。でも、私らはあんまりきりは使いませんな。一応、三つ目ぎり、四つ目ぎりはありますけど、これはみなさんの使ってるもんと変わりませんでっしゃろ。釘打つときに穴あけるのに使ったんです。小さい釘打つときが四つ目、大きい釘は三つ目ですな。きりは大体が民家作る大工さんが使うもんや。私らはきりやなしにほとんどが「打ち込み（つばのみ）」やったからな。

それでも洋釘がでてくるまでは、もっと使ったでしょう。和釘はきりではよう打ち込めませんからな。

刃物が研げなければ、道具は使いこなせません

のみやノコギリのこと話しましたな。のみやノコギリというのは、どちらかといいますと構造を作るもんですな。

木を組むために刻んだり、切ったりするわけでんな。

カンナいうのは、そういうもんに比べれば仕上げに使うもんです。

きょうは、初めにそのカンナのこと話しましょ。

カンナいうのは、普通には台ガンナゆうて、堅い木の台に、刃を取りつけたやつのことですが、これは結構新しいもんでっせ。

昔は平面を削るのは、ヤリガンナやった。どこが違うかいいましたらな、台ガンナは便利ですな。

ヤリガンナでしたら、削れるのはせいぜい自分の手の伸びる範囲だから、五尺かそこらでしょう。これが台ガンナでしたら、一遍で平面が削れるんですから。これはラクですわ。

しかし、ヤリガンナと台ガンナではでき上がりの感じが違います。法隆寺へ行ったときには柱を見てごらんなさい。

古い飛鳥のまんまの柱はヤリガンナで仕上げてあります。後の世になって修理した所は台ガンナです。

木の持つあたたかさが違いますな。

そりゃやっぱり、ひとつずつ心こめて仕上げていくから違ってくるんでっしゃろ。

それと、美しさに対する考え方もあるでしょうな。ツルン、ツルンがええんやったら台ガンナがいいでしょうし、どっかに木のぬくもりとやさしさというもんが残ったほうがええいうたら台ガンナじゃだめですな。

今、ここ薬師寺では三蔵院のお堂作るんで、大工たちが木刻んだり、削ってます、見に行きましょか。

〈写真上〉台の底が反った「そりガンナ」、底の丸い「外丸ガンナ」など、西岡さんのカンナは種類が多い。それぞれが用途に応じて「金（カネ）」だけあつらえて台は自分で作る
〈写真中〉一枚ガンナの仕上げガンナ
〈写真下〉裏ガンナのついた二枚ガンナ

ここです。

ここで、一四人の大工がそれぞれ仕事してますんや。いや、みんなわたしの弟子とか、そういうのとは違いますのや。あちこちから塔や堂を作りたい言うて来た人です。わたしは、今回は棟梁はゆずりましたんや。棟梁の上におって、監視する役目でんな。今は昔と違うて、この人たちはわたしに雇われるんやなくて、三蔵院を作るのを請負うている建築会社と契約しとるんや。

各地から来とるで、奈良県の人は一人もおらんとちゃうか。

ここにも二〜三人、ヤリガンナ使うてる者《もん》がおるけど、あの人たちはわたしの孫弟子にあたるかな。ヤリガンナ使うのは、塔や堂やるもんしか使わんからな。

今回のこの三蔵院は、ヤリガンナより台ガンナ使うほうが多いでんな。なんちゅうても予算が決まってますやろ。一本ずつヤリガンナ使うてられませんのや。

それでも、まだええんでっせ。

今、普通の大工はカンナなんか使いませんで。建材がほとんど合板でっしゃろ。あんなもんカンナいりませんがな。電気ノコギリでウィーンで終わりでっせ。

ですから、ここに来てる人は、そんなんに物足りなくて、カンナやのみ、ノコギリをちゃんと使いたい言う人たちでんな。

台ガンナの台は、堅い樫の木が多いでんな。近頃は紫檀なんかも入ってきたけど、えろう高いもんですからな。道具は飾りもんやないから、そんな高いもんは使えませんよ。

道具ちゅうのは、人それぞれ使い方が違いますのや。わたしにはわたしの使い方ありますし、あの大工にはあの人なりの使い方があります。

道具ちゅうもんはそういうもんでっせ。それぞれが使い易いように工夫してあるんですな。

これはカンナに限ったことやないけど、道具はよく研ぐことです。

研ぎの腕がまず第一でんな。刃物をよく研げなければ、道具は使いこなせません。

そのためには、いい砥石《といし》がいりますな。道具だけ良くても、どうにもなりませんのや。

研ぎができん人は素人や。

カンナ使う上での注意ゆうたら、まず位置をズラさんちゅうことや。二間のもんなら、二間のものを削る間はすー

砥石

っと一息で削るんです。荒削りではそんなことありませんけど、仕上げになると、そういうことですわ。

昔の人は、みんな一枚ガンナでしょ。一枚ガンナゆうのは、ほれ、カンナの金《かね》が一枚のものだね。今のカンナはほとんどが二枚や。

二枚ものは、裏側に小さな裏ガンナというのを入れて、逆目が立たんようにしてあるんですな。

昔の人はそんなことせえへん。一枚ガンナで、一気にひく。そうやって仕上げた木の肌は、ハエが止まろうおもってもすべってしまうぐらいや。

そうやって仕上げた板と板をぴったり張り合わせたら、くっついて離れない。それぐらいの腕の大工が五〇人に一人や二人はおったで。棟梁がそう仕上げろいうたら、そこまでやったんですな。

あそこに外人さんがおりますやろ。マイケルさんいうて、この三蔵院作る大工さんの一人です。カナダの人ゆうてましたな。

あの人の削ったカンナくずと、この人、この人はベテランやが、この人の削ったカンナくず比べてみい。

マイケルさんのは、厚い所とうすい所がありまっしゃろ。この人のは、うすくて均一でんな。こう削らないかん。

だからちゅうて、あまりカンナできれいに仕上げすぎてもいかんのや。でき上がりがおもしろうないからな。

わたしらのときは、もっと違うてましたで。わたしのおじいさんが、カンナちゅうのはこう削るんやゆうて、片手でカンナをすーっとひっぱってくる。見ててもカンナくずはひとつも出んわね。みんな中にたまっとる。それでふっと息をかけると、ふわっとくずが出る。それが仕上げでしたな。

今はそんな職人おりませんわな。

第一カンナの台が悪い、カンナの刃が悪い。

もっと悪いのは、そういうことに大工が気づいとらんということや。

でも仕方ありませんな。家はほとんどが合板ですし、大きなもんはコンクリートですからな。

さっき、わたしがマイケルさんのカンナくず見て、刃物が○・○一ミリぐらいカーブしとると言いましたやろ。それで研ぎ直しなさい言いましたが、あれぐらいの細かいことがわからんと、すぐカンナくずに表われるんですわ。あれを研ぎ直すのはたいへんや。なぜかちゅうたら、○・○一ミリやけど、その欠点に自分が気づいとらんのだから、それ直すのはたいへんですな。

それと、カンナというのは微妙なもんでっせ。カンナの台が、しゃっと、ほんとうに水平にならされているかどうかということが問題や。

刃がどんなに研げても台が悪ければあかんよ。さっきの人は、カンナかける前に台を削とったでしょ。そこからやらなあきませんわ。

台は木でできてますやろ。木というのは生きものや。

雨の日とか天気の日で、台が狂いますのや。今までみたいにずーっと雨で、カラッと晴れるとカンナが狂う。それをちゃんと直さなあかん。

マイケルさんは、そんなこと知らんさかい、昨日も一昨日も、そのままでやっとるわ。そういうこと教えてやればいいのに、教えてやらん。職人ていうのは、根性が悪いからな。お前、それで苦労せいちゅうようなもんや。

自分でおぼえていかなしようがないわな。ただ、そういうことにも気づかずに、そのまま終わってしまう人が多いな。

周囲の人で、自分よりうまい人を見て、おぼえなあかんのや。あの人のカンナは、何であんなによう切れるんやろ、おもうたら、休憩でみんなが休んでるときに、そーっとその人のカンナを調べてみるんや。そうやっておぼえるのや。

カンナの刃を台にあてて、刃のまがり具合を見る

盗みとるんや。その人の技量をね。教えられても、ようおぼえんもんや。自分からやって、どこが加減が悪いのかちゅうことを自分で知らんことにはあかんわね。

服装も変わりましたで。

今じゃ、乗馬のズボンはいたり、ゴルフ用のズボンはいてみたり、いろんなのがはやっていますな。

なんでもないことのようやけど、服装もでき上がりに影響がありまっせ。

太いズボンはいて、狭い所で仕事していると、ひっかかってしようがない。それやから、たっつけパッチをはいてたんや。あれでないとあかんわね。

手斧なんか使おうとおもうたら太いズボンではあかんわ。危のうてしようがないわ。足がどこにあるのかわからんもん。手斧の刃の向け方は、自分の足をにらみながら決まるでしょ。スパッ、スパッと削っていくには、そんなことまで気いつけとかんとあかんわけや。

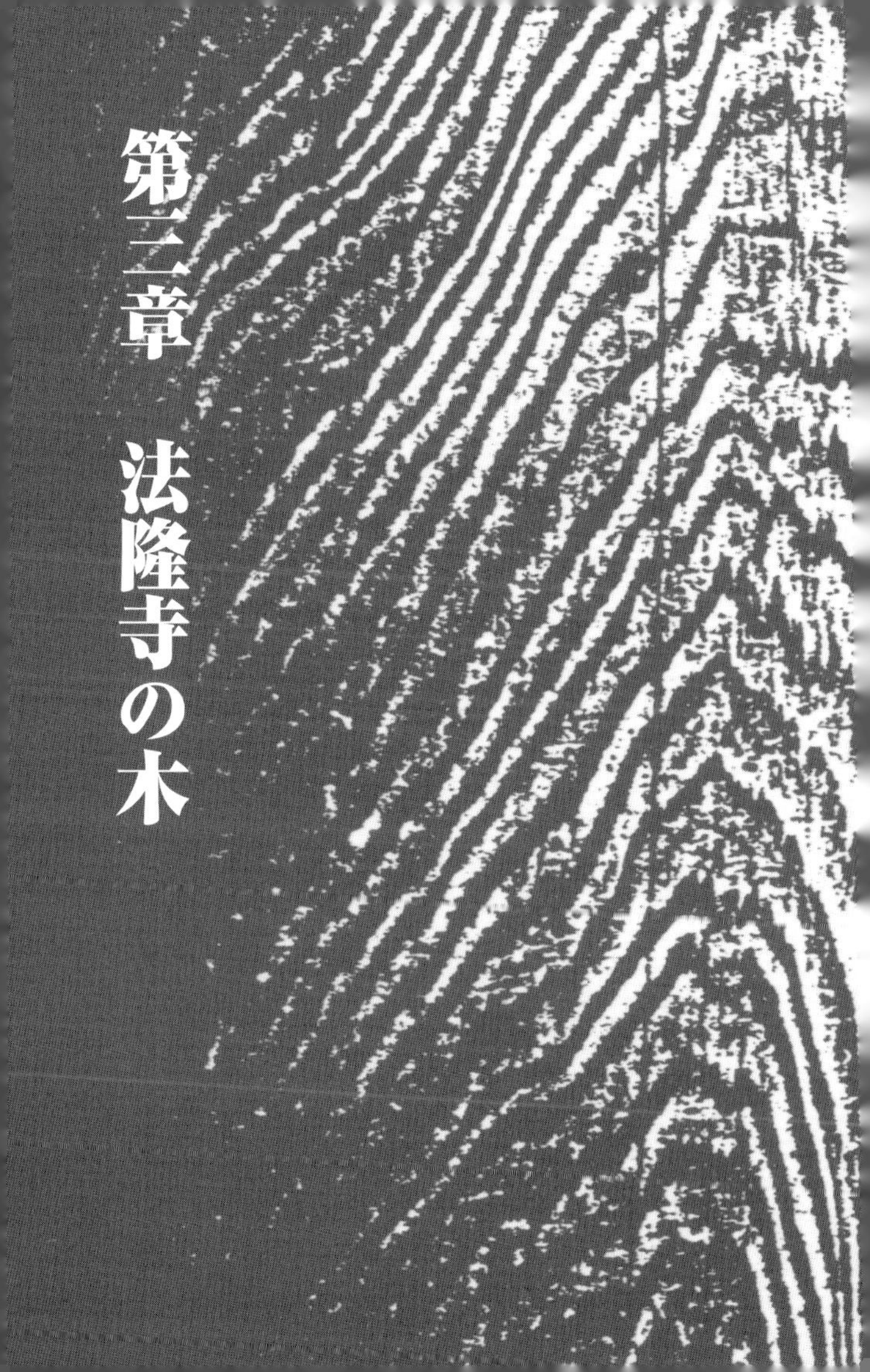

第三章　法隆寺の木

法隆寺伽藍図

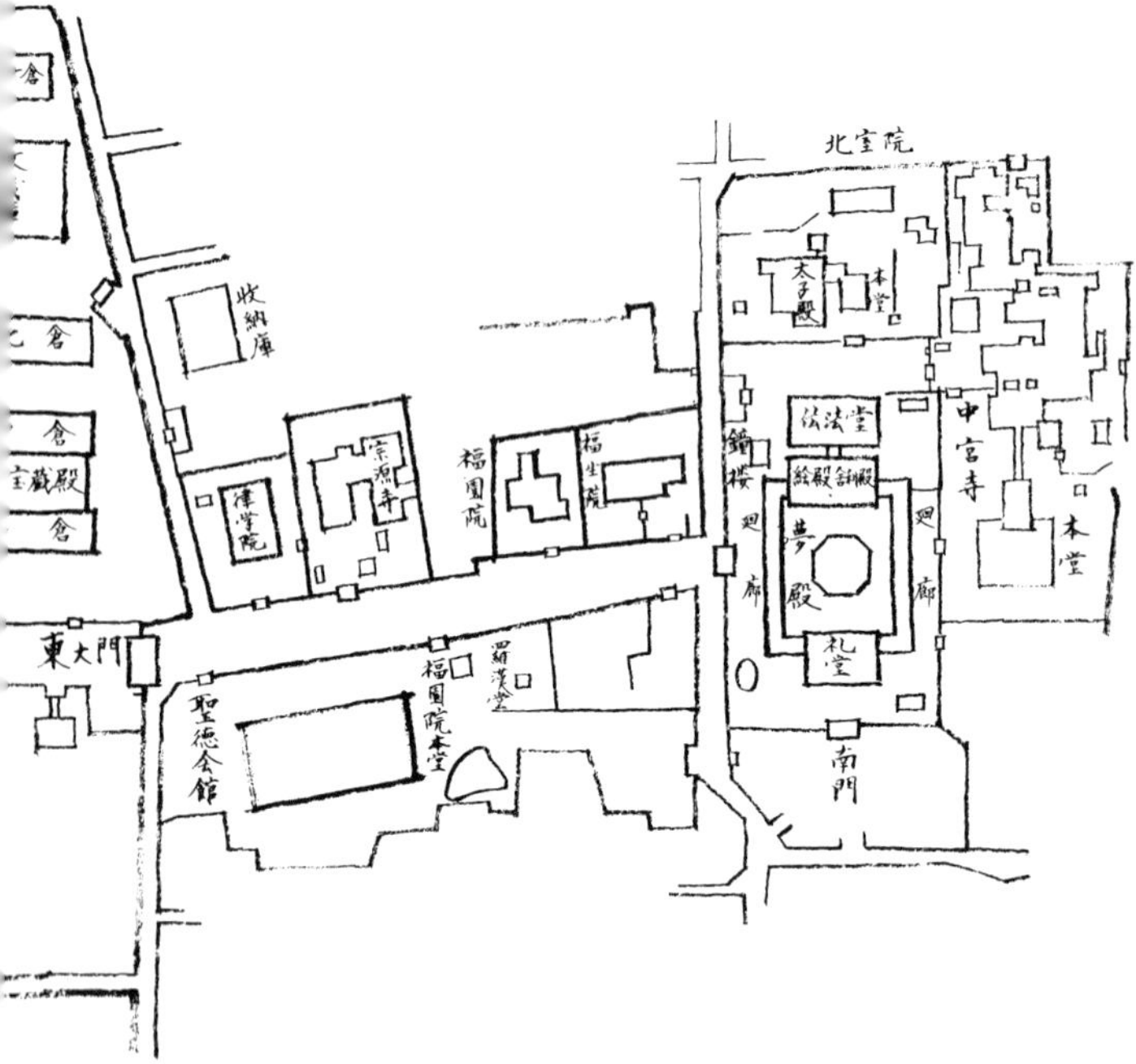
北室院
太子殿
本堂
収納庫
倉
倉
宝蔵殿
倉
律学院
宗源寺
福園院
福生院
伝法堂
鐘楼
絵殿舎利殿
中宮寺
廻廊
夢殿
廻廊
本堂
礼堂
東大門
福園院本堂
羅漢堂
聖徳会館
南門

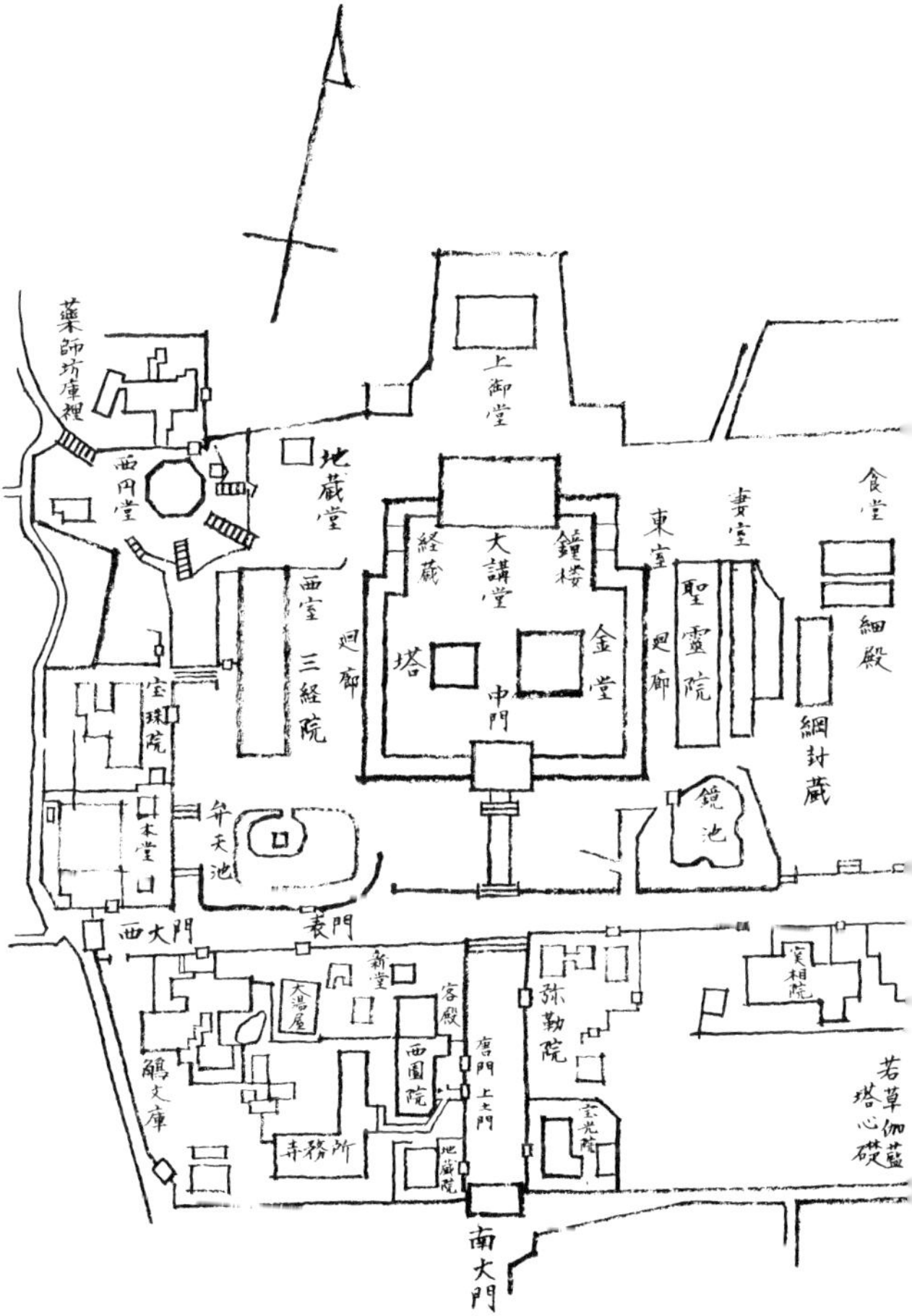
薬師坊庫裡
西円堂
地蔵堂
上御堂
経蔵
大講堂
鐘楼
東室
妻室
食堂
西室
三経院
廻廊
塔
金堂
中門
廻廊
聖霊院
細殿
綱封蔵
宝珠院
本堂
弁天池
鏡池
西大門
表門
新堂
大湯屋
客殿
弥勒院
実相院
唐門
上土門
西園院
鵤文庫
寺務所
地蔵院
宝光院
若草伽藍塔心礎
南大門

きょうは法隆寺を案内しましょ。

わたしが、今まで話したことが実際にどうなのかを見てください。

いろんな人が、ぎょうさん法隆寺を見にきますが、ただ世界で一番古い木造建築だからって見にくるんじゃ、意味がありませんで。古いだけがいいんやったら、そこに落ちてる石ころのほうが古いんや。法隆寺は千三百五十年、石ころは何億年や。

だから、古いからここを見にくるんじゃなくて、われわれの祖先である飛鳥時代の人たちが、建築物にどう取り組んだか、人間の魂と自然を見事に合作させたものが、法隆寺やということを知って見にきてもらいたいんや。

建築物は時代が新しくなるにつれて構造の美しさというのが失われてきとるのや。その失われていく様子を、法隆寺では一目で見ることができます。

この法隆寺の建物には、創建当時の飛鳥のものもあれば、藤原時代のもの、鎌倉、室町、江戸時代、大正、昭和と各時代に修理されとるのやが、その時代時代の美に対する考え方や、建築物をどう考えとったかがわかるわけや。

法隆寺は飛鳥時代の大工たちが知恵を出しきって作ったんです。法隆寺のよさは力強い美しさやな。法隆寺と対照的なのが日光ですな。日光は構造よりも「飾り」を選んだんです。芸者さんですな。ベラベラとかんざしつけて打ち掛け着せて、蒔絵《まきえ》のこっぽり下駄《げた》はかせて、これでもかこれでもかと飾ったんです。そやから、法隆寺は作ってから千三百五十年目に解体修理してるんですが、日光は三百五十年ぐらいで解体修理せなならんのや。いかに構造を無視して作られたかがわかりますな。

法隆寺の昭和の大修理では、飛鳥のものも解体し、藤原のものも室町のものも解体修理せなならんかったんやが、室町のものは六百五十年しかもたなかった。これは創建当時の千三百五十年の半分しかもたんかった、ということですな。

室町のものと飛鳥の作りが、どう違うのか、そこらが見比べられるんですから、法隆寺に来たらそこらをよく見てもらわな。そういう所を中心に説明しましょうか。

この中門、金堂、五重塔と回廊は飛鳥時代のもんです。向こうの大講堂は藤原時代のもんです。

この中門を支えている柱、立派なもんですな。これは大木を四つに割って作った四つ割りの柱です。四つ割りの柱は芯持ちの、つまり一本の木をそのまま使ったものよりは、狂いもなく丈夫ですな。これだけの柱を、一本の木から四本もとるんですから、目の詰まったすばらしい木だったんですな。

こんなのが日本にあったんや。

四つ割りかどうかは、木の目を見ればわかります。一本のままだったら正目は出ません。割って作ったものは正目が柱の表面に出てきますからな。

金堂の円柱はエンタシスの一番太い所で二尺三寸あります。塔の心柱は三尺三寸で芯持ちです。年輪だけ数えると八百五十年ぐらいですが、周囲を落としてあるから、作った当時で千百年ぐらいの大木を使ったんですな。それが千三百五十年たった今もたってるんですから、ヒノキというのは強いもんです。

飛鳥時代にはほかにも寺が作られてますが、ここだけが残った。これは構造を大事にしたからですな。

聖武天皇のとき、各地に国分寺を建てましたが、ひとつとして残ってませんでっしゃろ。あるのは国分寺跡だけ。

その頃の大工が、無理矢理集められて、いやいや作ったからや。早く終わらして帰りたいとおもって作ったんやろな。今の大工にも似たところがありまっせ。時間を急いで、木の使い方も考えずに、寸法だけ合わせればいいって考えてやれば残りませんわな。地震で倒れ、風で倒れてしまったんやな。

作った大工たちが、本当に信仰心でやるか、命令でやるかの違いですな。

法隆寺はその頃文化の中心になる所やった。仏教を学ぶための、尊い学問の場所や。それを建てるという心構えが木を活かすことに表われたんですな。

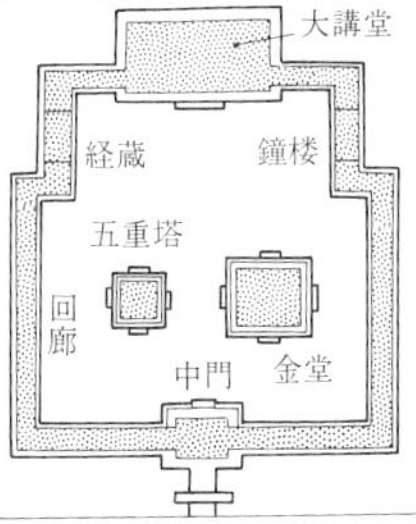

法隆寺の五重塔、金堂、大講堂と回廊

法隆寺・中門内側の柱群

ここから見ますと金堂の柱に竜の彫り物が見えますすな。よう聞かれますのや。誰が彫ったもんかって。

あれは創建当時はなかったもんです。室町時代になって、修理するときに荷重を支えるために作ったんですすな。室町のときには、ああいう彫刻をほどこすことが美しいとおもったんでしょうな。

飛鳥の当時には、飾りなんてほとんどありません。しいていえば、あるのは万字崩しの勾欄《こうらん》ぐらいのものですが、これも上に登った人の転落を防ぐという機能があり、単なる飾りやおまへん。時代がさがるに従って飾りが多くなるんですな。

金堂や塔の軒を見てください。長いでしょ。四メートルあるんです。軒の深さは斜めに測るんやなくて、水平に測るんですが、これかてずいぶん考えて作られているんです。

飛鳥の頃に伽藍《がらん》造営のあたらしい技術が大陸から入ってきますわな。仏教と共に流れ込んでくるんです。ところが、中国に行ってみるとわかりますが、こんな軒の深い建物はひとつもありません。現在中国で残っている建物で一番古いのは、佛宮寺《ぶつぐうじ》という八角形のお寺があるけど、その建物の直径が二九メートルあるんですが、それで軒の出は二メートルほどしかないんです。同じ形の夢殿でいえば直径一一メートルで軒

金堂の柱の竜の彫り物

万字崩しの勾欄

は三メートル、直径の三分の一以上が軒の出というとこですな。大陸から入ってきた建物の作り方には、こんなのはなかったとおもいますな。それが、大陸からの技術を鵜呑《うの》みにせんと、雨が多く、湿気の多い日本の風土に合わせて、こういう軒の深い構造を考えたんですな。

こういう知恵の働きというのは、近頃のアメリカのまね、イギリスのまねをやってる日本人は勉強しなければなりませんな。飛鳥の工人は、自分たちの風土や木の質というものをよく知っていたし、考えていたんですな。

これが法隆寺の大講堂になると軒が浅くなる。そのため雨や風、湿気にさらされることになるんです。大講堂はほんの少し時代がさがった藤原時代のもんですが、もう違うんですな。風土に合わせるということを忘れてしまったんや。

古代の建築物を調べていくと、古代ほど優秀ですな。木の生命と自然の命とを考えてやっていますな。それが新しくなるに従って、木の生命より寸法というふうになってくる。そして、現在の建築基準法、あれはデタラメもはなはだしい。民家の柱になる木一本育てるのに六十年かかるんや、苗を植えて、六十年せんと柱にならんのや。それをね、今の木造建築でやったら二十五年でダメになる。そういう矛盾したことやってんのや。ちゃんと作れば二百年はもつ。在来工法でやればね。それをボルト使え

法隆寺の金堂と五重塔（大講堂側よりのぞむ）

だとか、何使えだとか言うからいかんのや。

目の前に金堂と五重塔がありますが、材料の質からいえば金堂のほうが悪くて塔のほうがいいんですよ。なぜかって言いますと、金堂をやるために、この近所の木を全部使ってしまった。塔をやるためには遠方から運ばならん。そやから大きな木を運べんから、みな割ってきた。つまり割りやすいいい木を使ったんやな。

（回廊を西へ廻り）この木は大正の時代に修理したもんですな。台ガンナを使っておるから、肌がスベスベで、おもしろさがない。ほかのはヤリガンナで仕上げてありますから、やさしく堂々とした風格がありますな。

ここに窪《くぼ》みがありますな。これ逆目といいますが、昔は木を割ったから、節がかくれているところにこういう窪みなんかができるわけです。それは、そのまま残してある。今の職人だとここを削ってしまう。そういうふうに仕込まれているからね。こういうものは放っておけばいい。ごまかして削るよりはそのほうがいいんですわ。

ここの柱には、みんなヌキを通してた時代があった。柱に跡がついてますやろ。こ

回廊の柱に見られる逆目

大正時代に修理された回廊の柱

ここに棚をして、店を出しておったんや。おひなさんとかを詣でる人に売っとったんやな。今は国宝やからそんなことできませんけどな。

（回廊から塔や堂のある庭を見ながら）ここには砂がしかれていますな。昔は、飛鳥の都があった飛鳥川の砂をしいたんです。飛鳥川の砂は白くてきれいだったんですな。回廊の下は、今はコンクリートですが、もとは、三和土漆喰《たたきしっくい》だったんです。粘土と石灰を混ぜて三和土をしめて作ったんですが、柔らかいから減ってしまう。昔はこんなに拝観者がいなかったからよかったんですが、今は大勢来ますからな。坊さんでも礼拝といって塔を拝むときは、あの礼拝石に座って拝んだんです。今みたいに堂や塔には入らんかった。

ここに松の木が生えてますけど、これは寺が衰えたちゅう証拠ですわ。昔は、仏法の行事ができないので木は生やさなかったんです。草や木をむしらずに放っておいたからこうなったんですな。ここまでが飛鳥の回廊です。ここから先は室町のものです。

どこが違うかいいましたら、梁《はり》の形がまるで違いますな。

この梁を「虹梁《こうりょう》」といいますが、いかにも虹の一片を切り取ったような美しく優しい形をしてます。これが飛鳥の良さです。虹梁の上に「束《つか》」があって、棟を支えていますが、この束を人型束《ひとがたつか》または人字の束、割束といいますのや。普通は一本の束ですけど、人字の形で梁にのってまっしゃろ。人型束によって上からの力が分散され、両脇の柱にうまく荷重が伝わるようになってるんです。棟の荷重が上手に二本の柱に分散されている。

それが室町になると忘れられてる。梁は真っすぐでゴツク冷たい。棟木から「束」が梁の中央に立てられている。構造や力学的なことが忘れられてしまったんです。そして、直線的な梁のほうが美しく力強いとおもうようになった。

職人の美しさに対する感覚の違いがでてくるんですな。何にも説明せんと今の大工さんたちに作らしても、室町の職人のようにやったかもしれませんな。

揃《そろ》えてしまうということは、きれいかもしれませんが、無理を強いることですな。木には強いのも弱いのもあります。それをみんな同じように考えている。昔の人は木の強いやつ、弱いやつをちゃんと考えて、それによって形を変え、使う場所を考えていたんです。

飛鳥時代の束

室町時代の束

法隆寺の回廊

ですから、飛鳥のものは木ひとつひとつの美しさが活かされてます。法隆寺大工に伝わる「木を買わずに、山を買え」というようなことが守られているんですな。土質によって材質の違う木が生え、それを適材適所に使うというのが、建物作る基本ですからな。

古代の建築物ほど、木の生命と自然の命とを考えていますな

回廊の柱の形や梁について話しましたが、時代の特徴を大きく分けていうと、飛鳥時代のものは力強さのなかに柔らかさがあり、構造を重視してますな。室町時代ぐらいになると、構造よりも形にとらわれて装飾性が出てきますな。

回廊に立ってずっと見ますと、それがよくわかりまっせ。

ここ（西の回廊の角、経蔵《きょうぞう》と講堂を結ぶ所、下のイラストのA位置）は、室町のものです。梁を見てもわかりますな。虹梁ゆうて、虹のように優雅だった梁が、直線

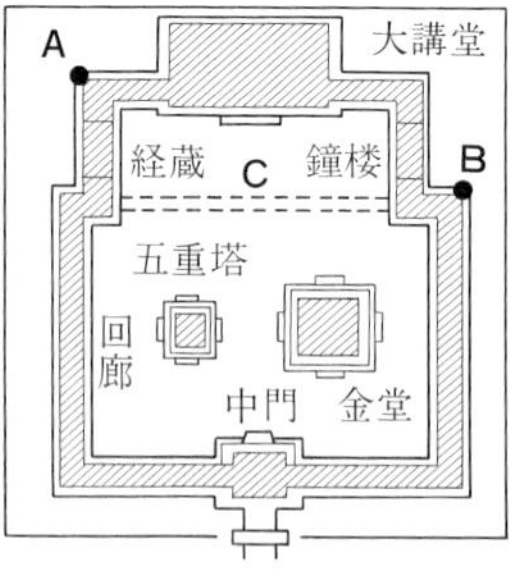

で太く画一的ですな。飛鳥のものは、木の持つ特質を活かして一本一本の個性をうまく使ってます。飛鳥は柱が太く、梁は太くないですな。それが室町時代になると梁が太く、重い感じがします。前に話しました「束」のせいもありますが、飛鳥時代のものは縦方向は太く、横に使うものは細くというふうになってます。時代が下がってくると、横に使う梁などが太くなってくる。

建造物というものは重いもんでっせ。その荷重を、いかにうまく分散して太い柱で支えるかが構造ちゅうもんです。それぞれの部材が十分役目を果たして、余分というもんがないというのは美しいもんです。飛鳥の工人の作ったものは、その代表ですな。「人は仕事をしているときが美しい」言いますな。それは、人の動きや心に無駄がないからです。建造物も同じですな。機能美というんでしょうな、こういう美しさを。飛鳥の建造物にはこうした機能を第一とした美しさがありますな。

ここらの所を注意しながら法隆寺を見てもらうといいですな。さまざまな時代に修理してますので、その時代の特徴や建物に対する考えが表われています。ひとつひとつの部分も大事ですが、全体の構造や釣り合いの妙味にも注意してください。そうすると、飛鳥建築の良さ、なぜ千三百五十年も保ってきたのかがわかってきますよ。

ここ（右ページイラストのＡの位置）は全体に、重くるしく感じますな。梁の重苦しさのせいもありますが、柱にも原因がありますな。

エンタシスが、この柱はないですな。

エンタシスを柱にとり入れるか入れないかで、建物の感じがずいぶんと違うてくるんですな。

講堂に入りましょうか。

ここは、藤原時代に建てられたもんです。前にも話しましたが、軒がほかの法隆寺の飛鳥の建造物に比べて短いですな。

ほんのちょっとした時代の差で、変わってくるんです。その時代時代の文化の流れが、表現の違いとなって出てくるんですな。講堂は、仏教を学ぶための建物です。一所懸命勉強して、試験を受けるんです。登高座に座った偉い人に、口頭で質問されるんですが、何度やってもダメなら、衣を脱がされて追い出されるんです。この裏に「衣脱がせの門」というのがあります。

それだけ厳しいもんだったんですな。

柱を見ると、樹齢がどのくらいのものだったかがわかります。中門の柱と講堂の柱を比べると、その差がよくわかりますな。講堂のものは、目が荒いですな。これは樹齢が少ないからです。

法隆寺・大講堂

中門の柱は、一本の大木を四つ割りにしたものを使ってますが、ここのは芯持ちのものもありますな。芯持ち、つまり一本の木をそのまま使うと木のクセが出やすいので、狂いやすいことになりますな。クセのない木はありませんが、四つ割りにすれば、狂いが四分の一になります。でも、ここの虹梁には、飛鳥ふうの優雅さが残されていますな。

ここには、金堂《こんどう》と五重塔の一〇分の一の模型が展示してあります。これも、じっくり見ますと、いろんなことがわかるようになってます。わたしは、これを作ることで、いろいろ勉強させてもらいましたし、飛鳥の工人たちの知恵の素晴らしさを教えられたんです。

金堂の断面の模型もありますので、ここで少し説明しましょうか。全体に、柱は太いですが、梁、桁等の横架材に太い木はそれほど使ってませんな。細く割った木を、上手に組み合わせてあるんです。それと一階と二階の柱のつなぎ方を見てください。今の建物は、一本の長い柱で一階から二階までつながっとりますな。それが、金堂や塔、中門では一階と二階では内側のほうにズレてます。それとここからは見えませんが、一階と二階では、少しだけですが、軒反《のきぞ》りも屋根垂《やねだる》みも差があって堂の安定感に微妙な影響を与えています。

西岡さんが作った金堂の
10分の1の模型

西岡さんが作った五重塔の
10分の1の模型

こうした構造が地震などに強いんですな。一階が右に揺れると二階にそのまま伝えるんでなく、逆方向にいくんです。それで、大きな揺れを吸収してしまう。いわゆる軟構造ですな。

それと、ひとつひとつの構造が有機的ですな。一個として、それだけ独立してるということはないんです。

ですから、釘《くぎ》を使うてますけど、今の建築のように釘の力で木をおさえてるわけじゃありません。釘は木を組んでいく途中で仮の支えですな。建物が組み上げられ、組み合わさってしまったら、各部材が有機的に結合され、機能的に構造を支えあってますから、釘はそんなに重要なものではありません。

一見なんでもなさそうやけど、十分にそういうことが計算されて、今まで千三百五十年ももってますのや。

東の回廊に行ってみましょか。

回廊を曲がった所に鐘楼《しょうろう》があり、そこを通って講堂につながってますが、本来は鐘楼の前の所で、東から西へ回廊は続いていて（八四ページのイラストのCの部分）、講堂はその後ろにあったんです。ですから、講堂の東と西に直接つながっている所は、飛鳥のものではありませんな。ここらと、昔から残されているところ（南北の回廊の部分）を比べてみると、飛鳥と室町ごろの違いがわかります。

ここ（八四ページのイラストのBの位置）に立つとおもしろいですな。右の回廊が室町、正面が飛鳥時代です。

飛鳥時代かそれ以降かを見わける、簡単な方法を説明しましょうか。柱と虹梁のつなぎ目を見てください。一本の虹梁の端を斗《ます》というもので受けて、それを柱に伝えるわけですな。梁の上には、屋根の荷重を支える人型束があって、建物の中心の荷重を両方の太い柱に分散して支えてますな。これは、たいへんな知恵と工夫で、飛鳥の工人の魂をここに見る感じがしますな。

この重さを上手にふりわけ、ふりわけられた力が柱に伝わり、太い柱が建てられている意味がよくわかりまっしゃろ。構造として現代人も及ばぬ素晴らしい木の力と工人の知恵の合作です。その虹梁の荷重を斗に受けますが、その荷重を柱に伝えるために斗と柱の間に、皿斗《さらと》というものが置かれています。

皿斗の形や大きさで、時代が分ります。飛鳥の皿斗は、上からの力をすっかり柱に伝える形です。形にはそれぞれの意味があるんです。その意味がわからなくなってくると、形が変化してくるんですな。場所によっては、皿斗の底が柱より小さいものがありますが、あれでは皿斗の意味がないわけです。気がつきましたか？　経蔵の柱の場合、先端がすぼんでいて皿斗がありませんでっしゃろ。

皿斗というのは合理的なもんです。

あれのおかげで、斗にかかっている力を、柱の上面全体に分散しているわけです。これが皿斗のない斗をみますと、屋根の荷重で、柱に二センチも斗が食い込んでまっせ。このわずかな狂いが全体に及ぼす影響はバカになりません。力は釣り合いが崩れると、弱い所へ弱い所へと集中しますからな。

そういう意味でも、飛鳥の工人たちはバランスちゅうもんを大事に考えとったんですな。ここから南へまっすぐの回廊は飛鳥工人の見事さをよく表わしてますな。虹梁のカーブが美しく、エンタシスがほどよく、回廊をゆったりと、力強く柔らかいものに見せてます。

一本一本が木の個性に合わせて仕上げられてますから、ひとつとして同じものはありません。強い木は強く、弱い木は弱いなりにうまく木の質を見抜き、それぞれを使える所に使ってます。

今のようになんでも規格に合わせて、同じようにしてしまうのは、決していいことではないですな。人も木も大自然の中で育てられてますのや。

それぞれの個性を活かしてやらなくちゃいけませんな。そのためには、個性を見抜

①飛鳥時代の皿斗

②皿斗の意味が忘れられ、斗の荷重が柱の中央部だけにかかっている

③室町時代の皿斗

④経蔵の柱

いて、のばしてやる。

そういうことが忘れられてますな。

ごらんのとおり、全てが同じじゃおもしろくないし、美しくない。学者が法隆寺の研究にきて、斗がいくつだとか数えて、寸法はかっていきますけど、全部違うんでっせ。こういうものは、それ一個とりだしてもだめで、全体やつながりを見ないとわかりません。

構造物は社会です。斗や皿斗や柱は個人個人の人間ですな。それぞれが、うまく自分の力を発揮して、組み合わせられて、崩れない形のよい建物ができるわけですな。もし柱の力が強すぎたら、柱の先端が屋根から上に突きでるというようなことになり、ものになりまへんな。

五重塔も金堂も、創建当時は今よりもスッキリしていた

次は東の回廊から金堂、五重塔と巡ってみましょか。

この回廊がゆるい坂になってるのがわかりますか？　これはわざとこうしたんではないんでっせ。自然の地形にさからわず、建てたんですな。

坂になってるんですが、柱や回廊見ても、それがわからんぐらい、バランスよく建てられてますな。

連子格子《れんじこうし》も回廊をゆったりと感じさせてくれますな。この連子もよく見ると飛鳥時代のものと、その後の修理のものとでは、はっきり差があります。

鐘楼に近い側には、新しい時代の連子があります。よく比べてみるといいですな。木をどう考えていたかがわかります。

後の時代のものは、規格品として全てを同じサイズで、まっすぐにしてあります。カンナをかけて、表面を美しく仕上げ、間隔をぴったり同じにしてますな。

創建当時のものを見てごらんなさい。格子の木は一本ずつ全部違います。太いのもあれば、細いのもある。四角のものも菱形《ひしがた》もありますな。

木を割って作ったんですから、同じようにはなりませんな。一本一本が違った性質なんやから、同じ形にしたら無理がでますわ。ですから、そうしないで、それぞれの特徴を見抜いて、一本ずつの個性を活かしてやってるんですな。そうして全体のバランスをうまく取ってやる。

一見すると荒っぽくて、雑に見えますけど、実によく考えてあります。規格で作った連子格子と飛鳥のものを比べてごらんなさい。

見るものに対して、建造物が訴えてくるものがまるで違いまっしゃろ。

飛鳥の建築は、外の形にとらわれずに木そのものの命をどう有効に、活かして使うかということが考えられてるんですな。

こういう飛鳥の建築のよさを、今の時代にも活かしたらいいとおもうんですが、あきませんな。

より早く、いかにもうけるかという経済のほうが優先されてますからな。

それと建造物を見る、考え方が根本的に違ってるんですな。

法隆寺のことでは、いつも学者と言い合いしていました。学者はこういうものを木の命だとか、一本一本のクセとかで見ませんのや。形や寸法だとかからばかり見てます。それでは、わかりません。けれども、学者はわれわれの言うことはききません。

今度、薬師寺へ行って修繕ではなしに、新築をやるということで、わたしに応援してくれと言ってきました。

わたしは、法隆寺大工の言い伝えどおりにやらしてもらう、ということでひき受けたんです。

「木を買わずに山を買え」ということから始めたんです。そのために木を見に、自分で台湾へ行きました。

回廊の連子格子

創建当時の連子

後の時代の連子

初めて、おもっていたことを実際にやらせてもらえたんです。飛鳥時代のものを作り出す根本の考え方というのは、法隆寺も薬師寺も変わりません。

わたしは法隆寺の修理や解体で、飛鳥の工人たちにたくさんのことを教わりました。法隆寺ではわたしは学生だったんですな。それを卒業して初めて、薬師寺で仕事ができるとおもってますわ。

この台ガンナ使って作った連子は大正の修理のものです。わたしの親父の代のものです。

どの時代の宮大工もたいへんでした。第一次欧州大戦がすんで、インフレで今まで六〇銭ぐらいだった賃金が三円五〇銭になった時分ですわ。

しかし、寺の修理はインフレに合わせて予算くれるわけではなかったんですわ。ですから大工は難儀したんです。とにかく大工が来てくれませんのや。よそへ行けば三円もらえるのに、ここでは六〇銭やからね。

終戦後の塔や金堂の解体のときもそうです。わたしの賃金が一日八円五〇銭。よそへ行ったら六〇円でっしゃろ。およそ一〇倍ですよ。

そんな苦労して、修理解体したんです。貧乏しましたけど、わたしらは自分で国宝守るために、黄金《こがね》の釘を打ち込んでるんだという意地がありましたから、偉い人が来ようが何しようが、ちっとも遠慮しませんでした。

話がそれてしまいましたな。

金堂へ入ってみましょか。

創建当時は、この裳階《もこし》はなかったんです。これができたのは薬師寺と同じぐらいのときです。姿を比べますと薬師寺と同じ割合になってます。

裳階を作ったのは、壁画の保護が目的なんですわ。壁画の壁に雨がしみて、絵がいたむというんで、つけたんやとおもいます。

創建当時、すぐに壁画を描いたんではなしに、いずれはそうしようとおもってたんですな。壁画をみましても、仏さんの顔が一時代新しいですものな。飛鳥の仏さんのように細長の顔じゃなしに、まんまるい顔になってますな。飛鳥の仏さんは、口びるが厚うて、大きいのに、壁画を見ますと、口は小さくなってるし、顔は丸く、よう肥えているんで、首のところに輪が入ってます。そやから、壁画は金堂ができてから一代さがっているとおもいますな。

ここの壁画の下は、荒壁の上に白土《はくど》を塗ってあるだけです。ノリも何も使っていない。白土は茶碗を焼く土ですわ。白粘土ちゅうやつです。どこから持ってきたのかわかりませんが、茶碗の産地からでも持ってきたんでしょうな。

その白土の上に絵具を塗った。それもコテ塗りでなしに、刷毛《はけ》で塗ったんですな。何回も何回も塗ったんですな。

左官が塗ったんでなしに、絵描きが塗ったんやないかとおもいますな。自分の絵を描く下地にね。

外陣天井下の内側の小壁（民家でいえば欄間にあたる所）にも、絵が描かれたんです。金堂から見える奈良の景色が描かれてました。デパートの展望台に描かれてるパノラマの絵のようにですな。生駒山や葛城山、金剛山が描かれてたんです。

ここ金堂の裳階の連子格子は、回廊とまた違ってますな。太くてがっしりして、間隔も狭くなってますな。壁画を守るということが目的ですし、昔はこのなかには坊さんでも入らなかったんでっせ。

金堂は仏像をまつって置く所だったんですからな。

ここの柱見るとわかりますが、みんなヤリガンナで削ってありますな。台ガンナのものと比べても、柔らかく、どっしりとした感じがしますな。

前にも話しましたが、金堂の二階の軒を支えている竜の彫り物がある柱、今度の修理で、あの柱をとって創建当時に戻そうという話があったんですが、構造的に無理やというんで残ったんです。あれだけ長い軒を支えるのに、創建当時は木が強く軒をし

法隆寺・金堂

ヤリガンナで削った金堂内部の柱

っかり支えていたんでしょうが、ときが経つと弱くなりますからな。あの軒を支えるには、柱が必要なんですな。

五重塔のほうも初めは裳階がなかったんです。それにしても、この塔は立派なもんですな。

塔の各階の四つの角の部分を隅木《すみき》というんですが、それが、最上階までずーっと一直線に並んでいますでしょ。時代が新しくなって作られた塔はこうはいきませんで。それは木のクセを見そこのうているから、こうはいかんのです。作って千三百年でっせ。今でも、きちんと一直線や。

木にはクセがありますのや。こんな柱でも、みなクセがあります。この木は右による、これは左によるというふうに。その木のクセを見抜いて、右によるというのは寄らせないように、左に曲がるのはそうならないように、うまく抱き合わせて組みあげていかなあきませんのや。

そういうことをちゃんと加減しているんですわ。そういうのは、解体してみて、ほんとに感心させられましたわ。

例えば、こういうふうに（腕を木に見たてて、カーブを作る）曲がった木は、外に出てる部分を真っすぐにするために、尻をぎゅっと振って、真っすぐになるようにし

法隆寺・五重塔の隅木

てある。尻のほうを曲げてるんですな。

今の大工はそういうことはしません。曲がった木を削って真っすぐに見せるだけですわ。そのときは真っすぐに見えますけど、何年もたたんうちに、曲がるクセの木なんやから、曲がってしまいますな。

そんなんで、塔を作ってごらんなさい。どうなります。一階の隅木は右に二階は左にというふうに、あっちゃこっちゃになってしまいまっせ。

笑ってますけど、本当そんな塔があるんです。

でも、塔というのは丈夫なもんでっせ。ちゃんと作りさえすればですけど。

記録を見ましても、地震で倒れた塔はありません。風でとんだという記録はありますけどな。これはどういうことかといいますと、構造的に非常にすぐれているということでしょうな。

風に弱いのは上のほうですな。荷重が少ない部分です。

一階はその上の階の全てが荷重されていますが、最上階は上には相輪《そうりん》しかありません。塔の上になぜ相輪があるのか、塔はどんな意味があるのか、わかりますか。

法隆寺・五重塔

五重塔は塔婆である

五重塔がどんなものか、わかりますか? これは塔婆《とうば》なんです。われわれ俗人も、人が亡くなると木製の塔婆をたてますな。あれと同じです。お釈迦さまの舎利《しゃり》(仏陀《ぶっだ》の遺骨のこと)を埋めて、その上にたてた塔婆が五重塔なんですな。

塔婆を長くもたせるために三重、五重の屋根でおおうているんです。ですから法隆寺でも薬師寺でも、古い時代の塔はちゃんと心柱の礎石の舎利孔に仏舎利が納めてあって、そこから塔婆がたっているんです。塔の形はいろいろあります。三重も五重もありますけど、塔の本体はあの心柱です。

この下に、お釈迦さまの骨があるぞというしるしなんですな。

実際に心柱の下に、舎利を入れてある容器があるんです。徳利型の小さなすきとおった瑠璃《るり》の壺《つぼ》に入ってますな。

これが、時代が新しくなると、塔は単なる伽藍の形式となり、塔のかわりに堂が中心になっていく。仏像が中心になっていくんですな。それと、塔が仏舎利を埋めて、塔婆をたてたものという意味が忘れられて、塔の心柱が地面にたつのではなく、天井から吊ったりするようになるんです。

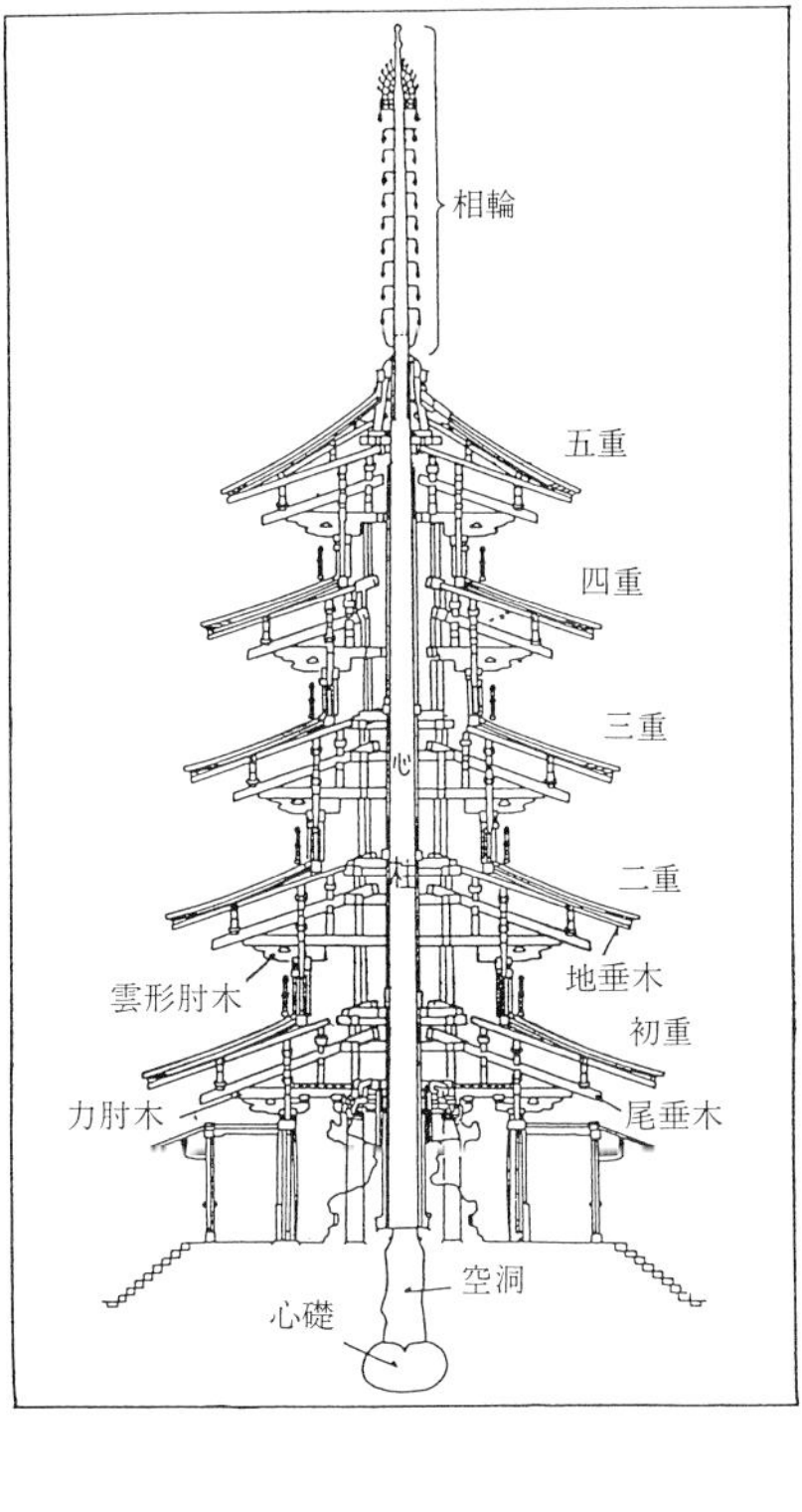
相輪
五重
四重
三重
心
柱
二重
地垂木
雲形肘木
初重
力肘木
尾垂木
空洞
心礎

それと、塔を高くたてるのは、高い所に神が宿るという考えがあったんでしょうな。塔を高く、がっしりとした大木に見たてたんではないですか。

どんな風がきても、しっかりと根をはってる木の思想ですな。塔も堂と同じように軟構造なんです。

風に揺れても元にもどる木と同じ考えです。建物は見るとがっしりとしているようですが、でき上がったときに、隅木の端《はな》を手で、がっと押すと、ゆうらゆうら動くんです。それがなかったら、その建築はだめですな。

そういう、ゆうらゆうら動いて、力が抜けるとまた元どおりに、じっとおさまる。塔とはそういうふうに作るもんなんです。

ですから、地震なんかのときは、ひどい揺れですわ。それでも大丈夫、倒れることはないんです。

康安元年（一三六一年）の大地震では、塔の上にある相輪が折れて落ちたという記録はありますが、塔そのものは無事でした。

記録にあるだけでも、四〇回以上の大地震が畿内にありましたが、塔は倒れることはなかったんです。

これは基壇《きだん》がしっかりしているということもありますな。前にも話しましたが、薬師寺の東塔は基壇ごと沈下しているんですが、法隆寺はそないなことありません。それは、基壇がただ土を盛られたのとは違うからです。

塔を大木のようにしっかりたてるためには、地面がしっかりしてなくてはなりませんな。

五重塔は相輪頂上まで、三二メートルほど、総重量が一二〇万キロもあるんですよ。これが千三百年も沈むことなくたっていたのは、がっしりとした基礎づくりがあったんです。

どうしたのかといいますと、塔の下にある地面にそのまま基壇を盛りあげるんではなくて、地面を、地山いいまして固いしっかりした層まで掘りさげるんです。これは強く、しっかりした粘土の層で、地表から五尺（約一・五メートル）ほど下です。

ここまで掘りさげて、固い地山の上に良質の粘土を一寸（約三センチ）ぐらいつき固め、その上に砂をおいて、つき固めというのをくり返して地上から五尺上まで基壇を作りあげてあるんです。塔や堂はこうしたしっかりした土台の上にたっとるんです。

塔をこうして下から見上げてますと、高いなーとおもいますな。ところがわたしら解体や修理で、塔の上に上がりますと、そうたいしたことはないんですな。高いゆうても、たいしたことないなとおもうたぐらいです。

そないなふうに考えますと、塔は見上げて、立派だなとおもわせるように、うまく考えられているんですな。

それにしても、これだけの塔をたてたんですから、飛鳥の人というのは立派です。そのころはクレーンとか、そういうものはないんでっせ。全部、背負っていくわけです。ですから、本建築の塔作るのと同じぐらい足場がいったんと違いますか。いい材料は使えませんでしょうけど、そんぐらいのものは作ったでしょうな。

今ですと、足場でも、軒先からちょっと離れているだけで、ほかは機械で受けてやるから、大げさなものはいりませんな。それを昔は、長い木をかついで上がって、あっちからこっちへ回らならんですからな、大きな広い足場がいりますわな。広い場所もいったでしょう。瓦《かわら》でもなんでもかついで上がり、作業するだけの広さがね。しかし、でき上がって、その足場がはずされたときの姿は見ごとだったでしょうな。

話は少しもどりますが、軟構造のことですけど、壁は間仕切りの役目ではなく、立派な構造体です。柱、桁、梁等、構造部材と一体となって、全体で堂塔を支えているんですな。

地震や大風で、堂塔が揺れるのを壁は止める役目です。力はすべて柱にかかるんですが、この柱を抱くように守っているんです。

壁の間を見なはれ。横に三本の桁がありまっしゃろ。あれを通りひじ木というんです。一の通りひじ木、二の通りひじ木、三の通りひじ木、その上が桁になってるわけです。そして、その通りひじ木間は、厚い壁でしっかり埋めてます。

これが時代がほんの少しさがってきますと、一の通りひじ木と二の通りひじ木間、二の通りひじ木と三の通りひじ木の間に斗が入ってくるんです。飾りとして斗を入れてくるんですが、構造的には意味はありませんな。ほかの建物と見比べるとき注意してみるといいですな。

法隆寺の構造が合理的で、理にかなっておって、それ故に美しいということがわかってきますな。

これだけ高くても、構造的にしっかりしているから、地震には強いんですが、雷はあきませんな。

今は避雷針がついておりますが、これは大正時代になってからです。避雷針は明治には、まだありませんでしたな。ですから雷にはやられてます。

五重塔の通りひじ木

相輪が金属ですから、落ちますな。

雷が落ちて、二重目から火を噴き出したので、大工の与四郎がかけ登って火を消しとめた、という記録が心柱に残されてます。

雷はどうしようもありませんな。昔の人が怖いもんゆうて「地震、雷、火事、親父」というのはわかりますな。人の手では、どうしようもなかったんです。

それと塔で弱いのは風ですな。風でやられやすいのは、塔の上のほうですな。上にいくほど荷重が少なく、そのぶんだけ風であおられやすいわけです。

初重の上には二重、二重には三重、三重には四重と、荷重がかかっておるんですが、五重には上がない。

そのためもあって、五重の上には相輪がのっているんです。法隆寺や薬師寺の相輪は非常に重いんです。それで一番上の屋根をきゅっと押さえているわけです。

相輪だけで三トンぐらいありますな。

重い相輪には、それなりの理由があったんですな。それが、やっぱり時代がたつと忘れられていくんです。

相輪の金がだんだん薄くなって軽くなってくるんです。そのほうがきれいにはなりますけどな。後の人は、相輪は構造やなくて、飾りやとおもったんです。もちろん、

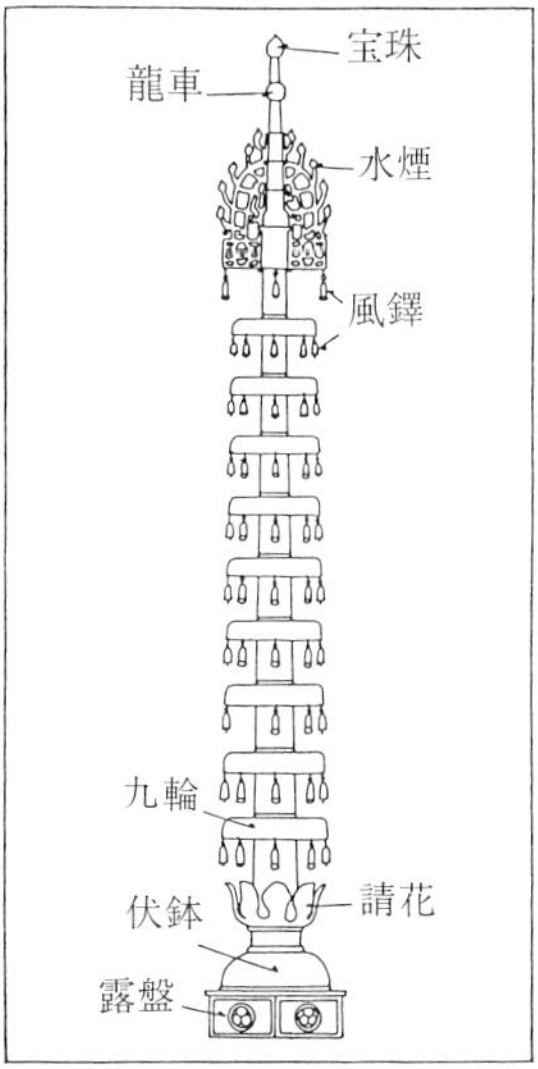

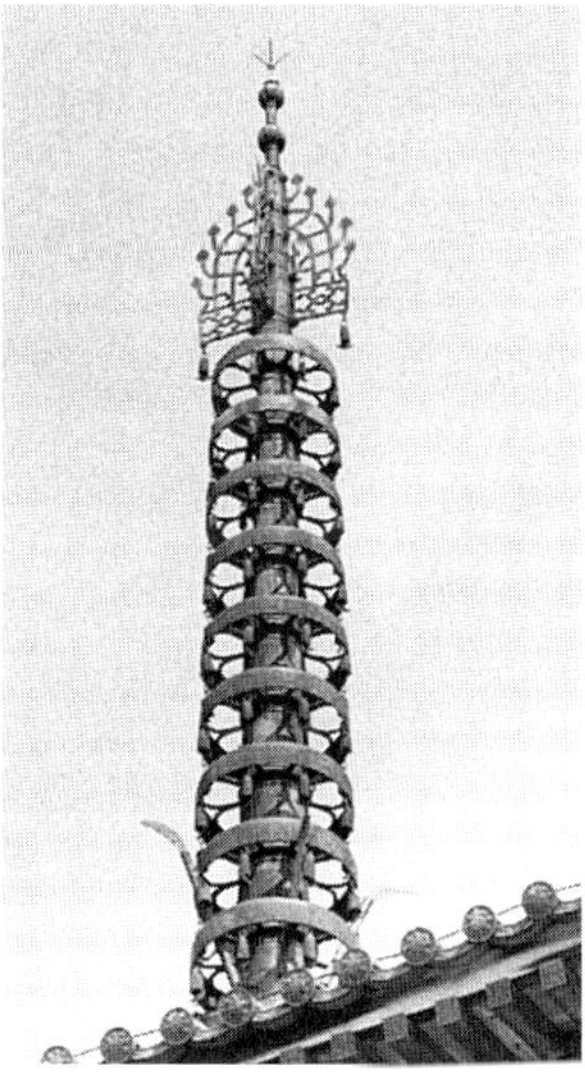

五重塔の相輪

飛鳥の人は、相輪は構造であるとともに装飾でもあると考えたんです。

相輪の構造は、ずっと上までのびている心柱の上に、銅の筒をかぶせるようになっているんです。短い鋼の筒をかぶせて、あの大きな輪っかをはめて、また銅の筒をはめてというふうにたっているんです。

輪っかは全部で九つあって、九輪《くりん》とよばれるんですな。九輪の上にあるのが水煙《すいえん》、その上に丸い球が二つあって上が宝珠《ほうじゅ》、下が龍車《りゅうしゃ》です。

これら全部で相輪ゆうんですな。

五重目を支えるところの四方向に、彫りものがありますが、わかりますか。あれも金堂の竜の柱と同じに後世のものです。

よう、人があれは何か意味があるのかと聞きますが、四方をにらむ魔よけのような意味をこめて、後世の人がつけたんですな。

美しさからいえば、余計なもんでっせ。ほんとは、柱をしゅっと一本たてておけばいいんですけどな。

裳階の上にある彫り物も同じです。

しかし、こうやって見上げてみますと、法隆寺の五重塔は、堂々としていてバランスがよく美しいですな。

実にバランスがいい。飛鳥の建築は構造と均整がうまくとれているんです。塔は上にいくに従って、平面の大きさが小さくなっていくわけですが、最上階の五重目の一辺は、初重の一辺のちょうど半分なんです。

こうしたことが見た目の安定感を作り出しているんです。

時代が新しくなると、塔はすらりとした細いものになっていくんです。そうした塔と、法隆寺の五重塔を比べてもらいたいもんですな。

それとともに、金堂・五重塔・大講堂・中門などの、伽藍の配置の美しさを見直してもらいたいものです。

飛鳥の工人の知識と技術が、中門の美しさに表現されている

西の回廊から講堂、東の回廊をまわり、金堂、五重塔をまわって、中門にもどってきましたな。

もう一度この中門のこと話しましょか。中門は、飛鳥建築の構造をよく示してまっせ。

中門の内側というのは、直接風や雨があたりませんやろ。表側は直接風雨があたってますから、いたみがひどいですな。ですから、中門の内側の柱は、みごとにエンタ

シスが残って、力強く、美しいですな。このエンタシスというのは、だいたい地上から三尺（約九〇センチ）ぐらいの所が一番太くなってます。見た目だけではなく、構造力学の上からも意味のあることだと聞いています。ここの柱はいかにも立派で、美しいですな。表側の左端の柱は、明治三十六年のものです。ここに来ることがあったら飛鳥の柱と明治の柱を比べてみるといいですな。飛鳥の工人たちの素晴らしさがわかります。

中門の柱の上の組みもの

　この柱の上の構造を説明しましょ。

　柱の上には、上からくる荷重を受けるための皿斗というものが、法隆寺の建築にはあることを話しましたな。皿斗の上にあるのが大斗《だいと》です。大斗はその上のたて・よこ方向の重さを受けて、皿斗に伝える役目です。大斗から肘木《ひじき》が出て、その上に斗がのり、斗が天井を支える桁を持ち上げてますな。

　この大斗は、壁を通っている通り肘木と、軒の垂木《たるき》を支える雲肘木《くもひじぎ》の両方を受けてますな。そのうちの軒のほうを支えるためにとび出している雲形のものを〝雲肘木〟といいます。壁に入っているほうは肘木で、その上にやはり雲形の斗がついてます。

法隆寺・中門の内側

こうした皿斗、大斗、雲肘木、雲斗などの構造は、飛鳥建築の代表的なもんですな。

肘木にしろ、雲肘木にしろ、人間がものを持ちあげるときのひじの形をしているんですな。人間がものを持ちあげるときの構造を観察して、建造物に応用したんでしょうな。

わたしらが雲斗と呼んでいるこの形を、「雲じゃない水だ」と言い出した人がおったんです。金堂を修理するときのことでしたがね。著名な彫刻家ですわ。千三百年来、わたしたちが雲といってるのに、水というのはおかしい。あんたが、昨日今日出てきて、これが雲じゃないというのはおかしいって言うんで、わたしと大論争しましたわ。その彫刻家は、法隆寺の近くの宿に泊まっておったんで、わたしは言いましたんや。「朝早よう起きて、二上山《ふたがみやま》の上を見てみなさい。そうすると、これとまったく同じ雲が出るさかいに」と。一週間ほどしたら、弟子四人ぐらいつれてやってきましたな。「なるほど、わかりました。今朝、あんたの言われた雲を見ました。まっ

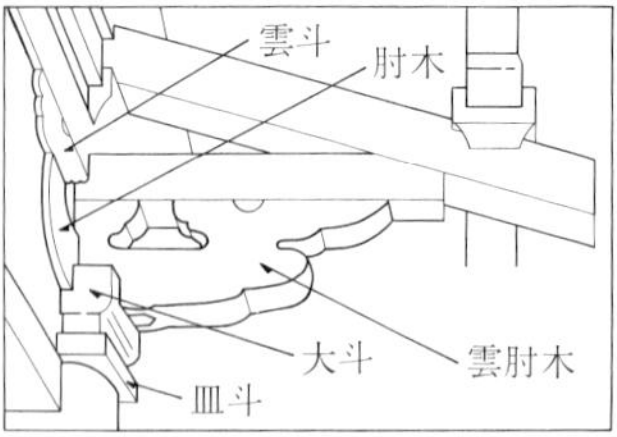

典型的な飛鳥型の組みものの雲肘木

たく、この雲肘木のとおりの雲が出た」と、そういうことを言ってました。

金堂に水玉のように巻いている玉があるんです。そんなところから「水だ」と言うたんでしょうな。前に金堂のところで話しましたが、法隆寺は自然からまるでかけ離れているわけではありませんのや。自然のなかに、うまく調和してるんです。壁画にしても、そこから見えるものが描かれてるんです。そこらが、だんだん忘れられてしもうとるんですな。

雲肘木の話もどりますが、あれは一本の木でできているんですよ。一本の木をくり抜いてあるんです。薬師寺になると、肘木が同じように前に出てますが、だんだん重ねるようになってくる。材料的に進歩したともいえますが、大木がなくなってきたということでしょうな。雲肘木は厚みが七寸（約二一センチ）あるんです。それで幅が二尺（約六〇センチ）あります。そういうものをとろうとおもうと、直径が一・五メートルから二メートルの木じゃないととれない。それも根っこから一段上の一番いいところを使ってるんですな。

中門を見てもらいますと、ふしぎな構造をしておるんですな。門の真ん中に柱が立っているんです。左右に入口がふたつあります。この柱を、梅原猛さんは、「聖徳太子の怨霊《おんりょう》が伽藍から出ないようにするため、中門の真ん中に柱を置いた怨霊封じだ」

と言うんです。ところが、そんなことはないんです。呪いとかそんなものは、仏法にはありません。仏教は人の世の平和を考えるもんです。仏教というもんを本当に理解せんと、ああいうことになってしまう。

わたしは、こう説明しとるんです。金剛力士（仁王）は片方が赤く、片方が黒いでしょう。人間は煩悩があるから黒い。こちらから入るわけですな。それで中に入って仏さんに接して、ちゃんと悟りを開いて赤くなって出てくるということを表現してある、とおもってるんです。正面の左側が入口で、右側が出口ですな。

といっても、こうした門は、本来は一般の人たちが通るもんじゃないんです。天皇から派遣された勅使《ちょくし》がたったときとか、公式な用件のときだけ、使われたもんでしょうな。

建造物を呪いだとか、そんなふうに考えてはいけません。建てるわたしらでも、平和を祈って仏法が広まるようにおもって、建てとるんですから。

バランスや構造的なことを考えて建てておるんです。そのバランスということで言いますと、この東と西の回廊ですが、中門を中心にして、東と西の回廊は同じ長さじゃないんでっせ。ここの伽藍は、五重塔と金堂を囲んで回廊がまわってます。ところが、五重塔と金堂は同じ大きさじゃありませんな。金堂のほうが広い。今、中門から

法隆寺西院全景

軒の角の所に出ている隅木

中門の表側。この柱の左端は明治の修理のもので、時代差による比較がしやすい

講堂まで石が敷かれてますが、この道を中心にすると、どうしても金堂のほうが広くなる。左右を同じにしたら塔のほうは広く、堂のほうがせまくなる。そういう感じを起こさせないように、どうしたか言いましたら、東の回廊を一間だけ長くしたんです。

こう言われましたら「なるほど、そうか」とおもいますが、ほとんどの人が気がつきません。気がつかないということは不自然やないということですな。長さを違わして、バランスをとってあるが、それが気にならんということです。

軒の長さにしてもそうです。雨の多い日本に合わせて、長い軒を作るためには長い垂木が必要ですな。きれいに平行に並んでますが、これだけの軒を支えるためには、シーソーと同じで、前に出た垂木を支えるだけの垂木の尻が、中に入り込んでいるわけです。それで、見えている所を、美しく、すっきり、軽くするために工夫してますが、格子天井の裏は、割りっぱなしで、ヤリガンナもかけんとそのままです。外へ出ている分の荷重を、しっかりと押さえているんです。

まあ、いろんなことを細かく考えてますな。軒でおもしろいのは、隅木のところです。隅木というのは、軒の角の所に出ている太い木です。

垂木を平行に並べていきますと、どうしても角では、垂木の尻が重なってしまいますな。それでも平行に保とうとすると端のほうの垂木は、隅木に釘でとめられてます。

これは、非常に隅木にとっては負担がかかってますが、美しいですな。時代が変わると、この隅木の構造が変わって、角は平行な垂木でなくなるんです。そうしたところも比較してみたらおもしろいでしょうな。

法隆寺のそれぞれの建造物の屋根は反《そ》ってますな。

この軒でもそうですな。こういう反り、この時代のものを〝しん反《ぞ》り〟といって、真ん中が一番低くて、大きなだ円の形に反って、隅でちょっと、その反りがきつくできてます。反りの形が大きなだ円になってますな。これは美しさを追ったせいもありますが、技術的にもそうならざるを得なかったんです。その後の時代は、だ円よりも〝なぎなた反り〟という、途中が真っすぐで、隅だけが急に、ぎゅうっとあがるんです。直線と円との組合せになるわけです。比べてみるとわかりますが、法隆寺の反りは真ん中がずうっとさがっているんです。飛鳥、白鳳、天平ぐらいまでは、だ円でした。この反りは、大陸から習ったもので、日本の在来建築には反りはありませんでした。伊勢神宮に代表されるように直線ばかりです。

この反りというのは、鳥の羽の反りをまねたと、そういうふうに言われてます。中国の天帝思想というのは、天に近づくこと、国を治める者は天に近づき、なるだけ高い楼閣に住もうとしたんですな。屋根の反りは鳥の羽を模して、天に飛んでいけるようにという願いがこめられていたんです。こういう思想があって、反りが生まれてきたんですな。

構造的には無理があるんです。けれども形の上では、反りがないと、どうにもこうにも、隅のほうの荷重がうんと重たいんですわ。それで、なんとかして、押しあげようということで、反りを必要としたんです。反りは隅を作る上での構造的な理由もあるんですな。木を組んで、瓦をふきますと、真ん中がさがるんです。真ん中で一寸さがれば、隅は二寸と倍さがります。そういうことも考えてあるんです。これは、学問的に数学やなんかでは、割り出せないいんでっせ。木の弱さ強さによって、そのさがり方が違いますからな。形だけではどうしようもないんです。この木は強いとおもうやつは、二寸あげておくやつを一寸五分にするという具合に加減せなならん。これは難しいですな。

そういう点を、法隆寺は木の性質をよく見抜いて組んでありまます。今の建築ではこうはいきません。木のクセを読む、木の育った方位に使うということはしませんからな。

法隆寺を見てまわられる人は、こうした、形に出ないところも知って見てもらったらうれしいですな。

木を活かし、建物を活かすには、よい地相があると昔から言われてるんです。これが第一の条件です。口伝には四神相応の地に建てよといってます。

東に青竜《せいりゅう》、西に白虎《びゃっこ》、南が朱雀《しゅじゃく》、北が玄武《げんぶ》の地ということですが、具体的に地形にあてはめますと、伽藍の東には清流がなければならない。南には沼沢《しょうたく》がなければならん。そして西には広い道が通っていなければならない。北は山でなければならないということです。

もし、どうしてもそのような伽藍の地が得られんときには、南には桐《きり》の木を植えよ。東には柳を植え、北には楡《にれ》を植えよ。西には梅《うめ》を植えよというんですな。魔除けの意味をもった道教的なもんでしょうな。建物の反りにあらわれた鳥の羽の思想も同じようなところから考えられたんでしょう。

法隆寺は、この四神相応の考えにまったくそのとおりにできてますわ。

東には富雄川《とみおがわ》があります。

南は大和川《やまとがわ》に向かって低い。

西には小さいけれども西大門を出ると大和川に道がつながっています。

そして裏（北）は矢田山脈で、伽藍のうしろに屏風《びょうぶ》の形をしてます。

この条件にそわない伽藍で、完全に残っているところは少ないですな。

薬師寺も北の条件が欠けとる。東大寺はまるで反対ですわ。西が低くて東に山がある。だからもう残ってませんわね。

白鳳の美を残す法隆寺東院の伽藍

これまで、法隆寺の金堂・塔・大講堂と回廊・中門の話をしてきましたが、ここを出て、夢殿のある東院へ行ってみましょうか。

ここ（東院に向かう途中のどぶを指して）も昔は、きれいでしたな。このへんでも、鮒《ふな》がのぼってきました。水洗便所になってから、こういうふうに、どぶになってしまったんですな。今は水洗便所にせんと文化じゃないとおもってますけど、自分の家だけ文化というんで便利にし、自然を汚してるんでっせ。そんなのは文化とは違います。自然と共に生きているというのでなければ、文化とはいえませんな。

おみやげ屋さんもぎょうさん出てますけど、昔はありません。鏡池《かがみいけ》の西側に茶屋があって、そこで番茶を飲ませてくれて、その時期の食べものを出してくれましたな。ぶどうの時期にはぶどうを、梨ができると梨、柿もよく出てました。ここらは柿がたくさんありますからな。近代の俳聖といわれた正岡子規《まさおかしき》も「柿食えば鐘がなるなり法隆寺」と、句を残しています。

この東大門から東にでると、東院の伽藍です。

ここは聖徳太子さんが住んでた跡です。斑鳩宮《いかるがのみや》を建てた所です。ここから飛鳥の宮まで行かれたわけですな。太子が亡くなった後、斑鳩宮は襲撃されて（蘇我入鹿《そがのいるか》によって）荒廃してしまうんです。荒れたままの姿を見て、東大寺の僧都《そうず》の行信《ぎょうしん》が復興するんです。行信さんは僧都でっせ（僧都とは僧の位で僧正の次）、小僧正とか大僧正ではありませんわ。そういう人が、こういうことをやっているんですわな。位の上の人が偉いんじゃないんです。大僧正いっても、名前だけですわ。内容のない大僧正だったんですな。

仏教は実践するものや。

東院の西門を入るとすぐ目の前にある長い建物、これが回廊です。夢殿のまわりをぐるっとまわってます。そして礼堂の両翼から突きだされた回廊は、夢殿をまわって絵殿《えでん》、舎利殿《しゃりでん》の両翼に接続してますのや。

行信さんが夢殿を中心にしたのは、ここが聖徳太子の御

東院の回廊

所の中心だったからです。この夢殿は、見た目にはわかりませんが、柱がみんな少しだけ内側に倒れています。見てもわからんくらいですが、そういうところから安定感が生まれてくるんです。

夢殿は八角形してますが、どうしてかと聞かれますが、わたしは八相《はっそう》（釈迦が一生に経過した八種の相、隆兜率《ごうとそつ》・入胎《にったい》・住胎・出胎・出家・成道《じょうどう》・転法輪《てんほうりん》・入滅のこと）から来てるとおもうてます。六角は六道（地獄・餓鬼・畜生・修羅・人間・天上）からきてるのと違いますかな。

ここは天平時代の建物ですから、西院の金堂や五重塔なんかとは、ずいぶん違いますな。柱の上に皿斗がありませんし、全体の感じも違います。

八角というのは構造的に非常にむずかしいのです。普通の屋根は四角でしょう。それで隅を結んで荷重を受ければいいんですが、八角では、屋根の形はそれぞれが扇形になってまっしゃろ。内より軒のほうが広くなってしまいます。外側の面積のほうが三倍ぐらい大きい。それをどんなにしてもたせるか、ということですな。それで、やっぱり天辺に重い宝珠《ほうじゅ》を置いて、それでぎゅっと押さえてあるわけです。あれも、単なる装飾ではなしに、ちゃんと構造的に考えられているんです。

あの上にある宝珠は、仏さまが珠を両手に持って、結跏趺坐《けっかふざ》されている形を図案化

法隆寺・夢殿

夢殿の天辺にある露盤宝珠

しているんです。仏法を悟得した大達人でなければうかんでこない、創造芸術の極致の図案でんな。天平時代あたりになると、ああいう宝珠が出てきます。珠というよりも蓮《はす》のつぼみですわ。極楽思想のようなものがあったんでしょうな。

全体に屋根が重い気がしますが、これは修理してみてわかりますが、屋根の形は天平時代のものやないとおもいます。天平のときはもっと勾配《こうばい》がゆるやかだったとおもいます。鬼瓦も、降り棟の端にふたつになってますが、あれも鎌倉の大修理でなったんでしょうな。それ以前は上からずっとひとつだったとおもいます。鬼の顔も時代で違います。端《はな》にある鬼は天平そのままのものです。そやから鬼というんじゃなく優しい顔していますでしょう。ほかの鎌倉の顔と比べてみるとおもしろいですな。鎌倉になると角が生え、牙をむきだして怒りの形相になっています。

ここの伽藍は、夢殿は天平のものですが、北裏側にある絵殿、舎利殿は鎌倉のものです。回廊見ても、ここはほとんどエンタシスがありませんやろ。

舎利殿には、聖徳太子が二歳のとき手の中に握っていたという舎利（仏陀の遺骨のこと）を収めてありますし、絵殿には、太子が一生になさったことを絵にした、一代記が収めてあります。

このうしろ（絵殿・舎利殿の北側うしろ）の伝法堂《でんぽうどう》というのは天平時代のものです。

そこの柱には少しエンタシスがあります。

正面を南に持っていく伽藍も天平ごろまでです。その後に山岳仏教といって天台や真言が入ってきたら、山の中で伽藍を作るものやから、建てるのにつごうのいい所へ、つごうのいい向きに建ててしまうんですな。四神相応と言ってられません。回廊で囲んでというわけにはいきませんからそれもありません。

伝法堂のほうに行ってみましょう。

この伝法堂ほど、純粋に天平の様式を残している建物は少ないですな。天平の建築でも、これは素晴らしいものです。昔からこの壁に落書きする人はおりませんで。ほかの所には落書きしますけど、これはみただけで圧倒されるのか、落書きしませんよ。

この壁はみごとですな。柱の上には大斗を置いて、上に肘木をのせてます。虹梁の上に蟇股《かえるまた》が組まれて、桁や棟木をうけてます。

白い壁とこうした柔らかな組合せが美しいですな。今はなくなってますけど、西側のここにずっと広縁というのがあったんです。大きなすのこを並べて、そこで夏なんか涼んだんやとおもいますな。

ここは橘夫人の住居だったんです。

この時分の建築は、天井がありませんから、屋根裏が天井ですわ。そやから垂木が棟まで見えるわけです。そういう中で住むには、天井のある寝台がないといけなかったとおもいますのや。

中にある天蓋《てんがい》が寝台の屋根かどうかで、論争したんです。わたしは寝台の屋根だと言ったんです。戦争で大陸へ行き中国人の生活を見て、寝台の上に屋根つけて、布をたらすというのを知ったんです。伝法堂の天蓋を見て、「あれや」とおもいました。その後の調査で、あれは寝台の屋根だということがわかりましたけどな。そんなこともありました。

ここの軒の反りもおもしろいですよ。端にきて急になってますな。これも修理のときに、どう復元するかでもめました。今は、ごらんのように軒が二重になってますな。修理前はひと軒でした。南は二重だったんです。そこで南のほう調べてたら、北からもってきた二重の垂木があった。どうしてわかったかというと、釘の跡の穴です。釘の跡が北へもっていくとピッタリだった。それで北も南側同様、二重の軒だって証明できました。こうした発見は復元のとき、役に立ちます。大工の釘の打ち方いうのは、好きにやりますから、それがピッタリ合うということはとても大事なことですわ。古代の建築復元のとき、大工の目から見た釘の穴の調査というのが加わったわけです。おもしろいもんですな。形や様式だけにこだわる学者にはわからんことですからな。

天平の建築を代表するといわれる伝法堂
下の写真は西側から見たもの

反りといいますと、この北側からみた軒の反りも美しいです。隅の柱が長くなってるのがわかりますな。柱の長さを調節して、軒の柱が長くなってるのがわかりますな。柱の長さを調節して、軒の反りを作っているんです。こういうふうにして、自然に中心が低いだ円の曲線を作ったんです。これが江戸になると、柱は水平に建てて桁を反らすようになります。これは丈夫な作り方です。鎌倉ごろまではこういう作り方です。これは丈夫

この鐘楼（伝法堂の西側すぐ隣にある）は、鎌倉時代のものです。これだけのものは、よそへ行ってもありませんな。鎌倉のいい建造物見たいとおもったら、これがいいですな。これ以前のものは普通は柱の上に大斗、肘木を積み上げ、桁とか梁を置いて太柄をたてて組み上げるんですが、斗ばかりで積み上げていってますな。鎌倉の特徴です。

飛鳥・天平・鎌倉の梁を比べますと鎌倉はだいぶ大きく、ごつうなってるでしょう。頭が大きい建物ですな。この軒のでもほんとに大きいです。こういう美しさなんですな。設計の第一番に考えることは、屋根の形です。屋根の形を決めておいて下《しも》へさがってくるんです。見るときも、そうでっしゃろ。見上げてだんだん下におりてきますな。この下の部分がおおってますが、これを袴腰《はかまごし》いいます。これは鐘楼ですから鐘を突きますと、建物がゆらゆらします。それで、この袴腰で支えているわけです。こ

東院鐘楼

れ以後は、こういう袴腰様式の鐘楼ができてきますが、これが一番古いものです。

これは（東院入口のわきにある手水舎《ちょうずしゃ》）わたしが作りました。鎌倉の様式です。台湾産のヒノキをつかいました。

西岡棟梁が作った鎌倉様式の手水舎

第四章　薬師寺再建

薬師寺伽藍図

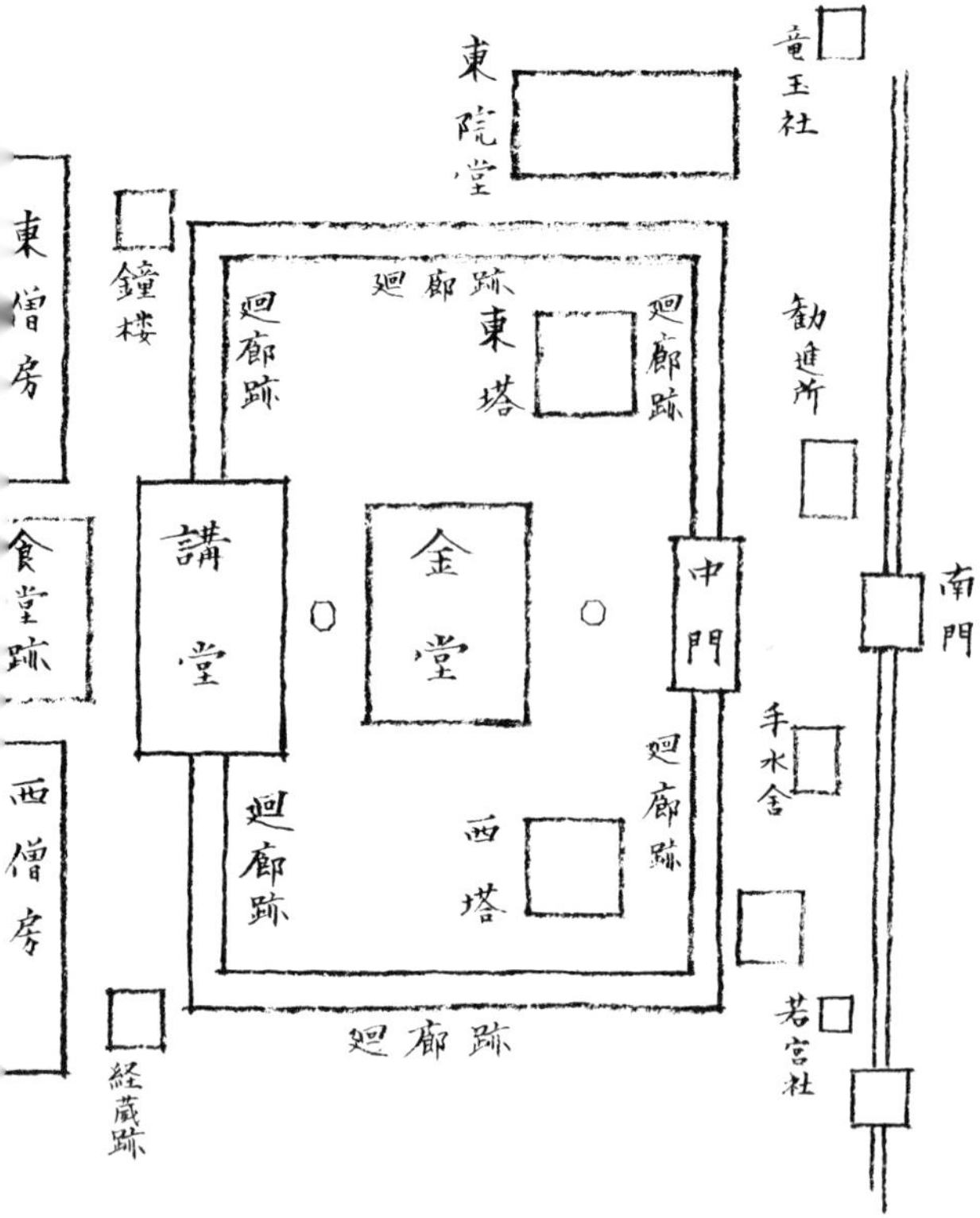

東院堂
竜王社
東僧房
鐘楼
廻廊跡
廻廊跡
東塔
廻廊跡
勧進所
講堂
金堂
中門
南門
食堂跡
手水舎
廻廊跡
廻廊跡
西塔
西僧房
若宮社
廻廊跡
経蔵跡

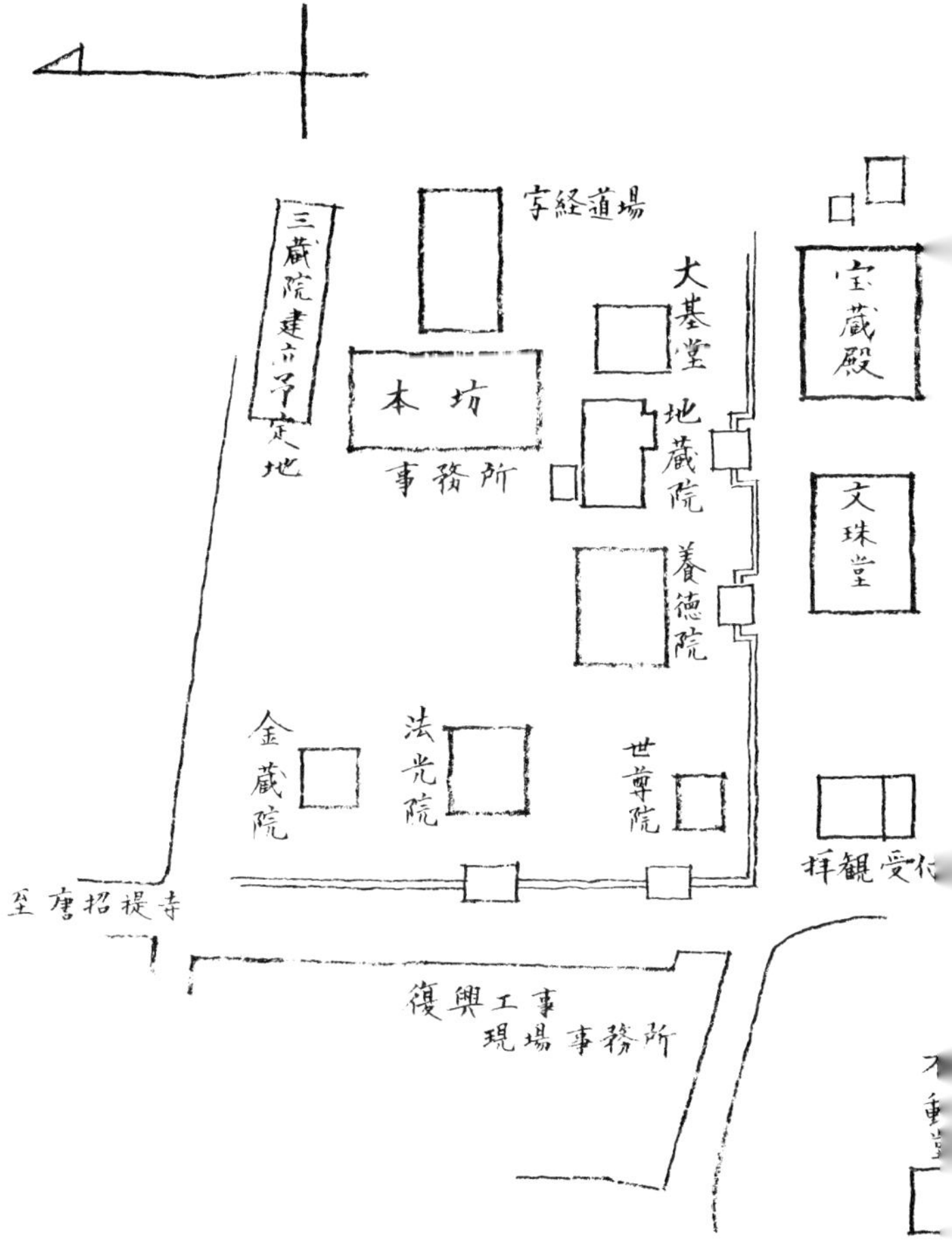
写経道場
三蔵院建立予定地
本坊
事務所
大基堂
地蔵院
養徳院
宝蔵殿
文珠堂
金蔵院
法光院
世尊院
至唐招提寺
復興工事現場事務所

いよいよ薬師寺ですな。

わたしは、今、ここの棟梁です。といっても昔と違いますから、わたしが全て仕切るわけではないんです。実際の仕事は、建設会社がやるわけです。寺の専属の大工というのはいないんですな。

わたしは本来法隆寺の宮大工ですが、頼まれて薬師寺へ来てます。ですが、この後法隆寺へ戻るわけではないです。法隆寺も建設会社が入ってますから、お寺から言われたものを下請けの会社が仕事するわけですな。

ですから、宮大工の棟梁としての仕事は、薬師寺で終わりでんな。大工はわたしが雇うわけではありませんが、設計から積算、配置まで、わたしがやってきま

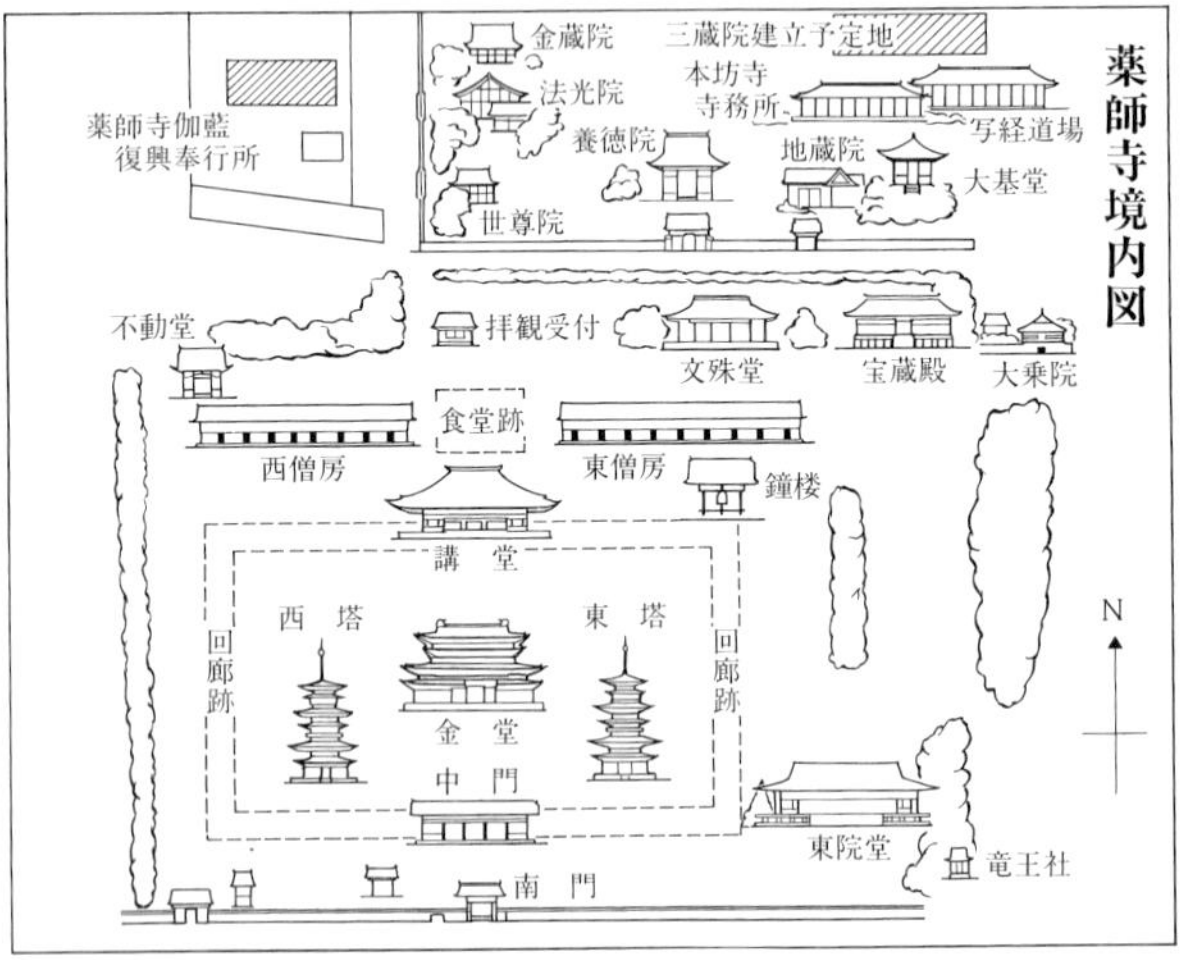

した。しかし、そこから先の施工は建設会社がやるわけです。

　ここ薬師寺にも、明治時代まで沢木という棟梁がおりましたが、仕事をやめた後、跡を継ぐ者がおらなかったんですな。

　そんなわけで、薬師寺の伽藍《がらん》を復元するんで、わたしが呼ばれてきたわけです。火災や地震、大風などで、ほとんどの建造物がこわれ、東塔《とうとう》だけが残っておったんです。それを、金堂《こんどう》、西塔《さいとう》、中門と復元してきたんです。この後、三蔵院、大講堂、回廊とまだまだかかります。

　回廊を復元するだけで、金堂と塔と中門を合わせたぐらいの年月がかかります。金堂が五年、塔で五年、中門で三年ですから、回廊だけで十二年、それと講堂が七〜八年、ここまであと二十数年かかってしまいます。命がとても足りません。残りはほかの人にやってもらいます。

　現在、復元した中門・西塔、金堂、創建当時からある東塔それに江戸時代に再建した講堂がありますが、回廊がないんで、公園みたいにあけっぴろげですな。

　復元するところは、現在、生垣を植えてあります。回廊がぐるっと回って、今の講堂も、倍ぐらいの大きさの、創建時のものに復元するんです。

　できあがりましたら、立派でっせ。

ひとつずつ、見に行きますか。

法隆寺とは五十年ぐらいしか差がなくて建てられてますが、ずいぶん違いますな。法隆寺は朝鮮系だし、ここは中国大陸の西安《せいあん》から直接入った新しい様式です。尺度が法隆寺のほうが〝高麗尺《こまじゃく》〟で、薬師寺は〝唐尺《からじゃく》〟でした。どれぐらい違うかといいますと、高麗尺は今の指金《さしがね》で一尺一寸七分ぐらいと長く、唐尺は今の尺よりも短いですな。

中門は、みなさんが通り抜けられるようになってます。あけっぱなしになってますからな。芝居の門みたいな感じです。現在建築中の三蔵院が終わったら、両翼だけ第一期として回廊をつけることになってます。そしたら、ずいぶん感じがかわりますな。中門の南にあるのが南門ですが、この距離が短いですな。南門を本式にすれば、軒と軒が接するぐらいです。今の南門は、元の西門です。それを移したんです。それも余り古いものではなくて、室町のころのものでしょう。昔の南門は金堂と同じぐらいあったんです。ここの中門は、復元して天平式の門にしてあります。法隆寺の南大門は元の東大門です。東大門を移し、東大門には山門をもってきたんです。ですから法隆寺は、山門が小さく中門が大きい。薬師寺は中門が小さくて、山門が大きいのです。

中門の両わきがあいてますが、ここには像が入ります。中門は仁王で、南門は金剛

薬師寺・中門

力士ですな。

その石の上にのるんですな。今、制作中だから、五年ぐらいむこうになるでしょう。大きいから、そう簡単にはいきません。ヒノキ材を何本か組合わせて彫るんです。

南門は復元すると法隆寺のような天井がつきます。これは大きいもんでっせ。前に土塀がありますでしょ。あそこまでいくんです。そうしますと、前の道路を門でふさいでしまうんです。だから、あの前の道路をなんとかしてもらわないかぎり、南門は作れません。

中門に来ましたら、天井を見あげてもらうといいですな。天平の特徴で、三津棟《むね》という様式です。本当の棟と両側に二つ棟があるんで、そういうんですな。

それと虹梁《こうりょう》の曲線が美しいです。束《つか》を立てずに蟇股《かえるまた》で、棟を支えているんですな。ここの柱も、法隆寺と比べるとずいぶん違いますでしょ。エンタシスも少なく、ゆるやかですな。細く見えますでしょ。これは、こういう計算をしてあるんです。といっても元の柱を見たわけじゃありません。東塔のエンタシスをまねたんです。

こうすることで、太い柱を細く見せようという気持ちがあったんですな。

法隆寺は力強く、薬師寺は強いものをやさしく見せようという違いがありますな。

中門から東西に入口がありますでしょ。ここです。ここから回廊につながるんです。

回廊の幅は、この植え込みのとおりです。法隆寺と違って復廊といわれる回廊で、中央に連子格子《れんじごうし》があって通路が内と外の二本になるんです。

虹梁がふたつあって、まん中の柱の列は、中門の中央の柱と一直線になるんです。

回廊ができましたら、立派でっせ。

三〇億円かかりますけどな。

年月も金もかかります。大講堂ができませんことには、回廊もでききらんわけです。門にとりつくように、講堂にも回廊がとりつくわけですからな。

ここの回廊は復廊という意味でも法隆寺と違いますが、経蔵《きょうぞう》や鐘楼《しょうろう》の位置も違いまっせ。

回廊をぐるっと回っていきますと、大講堂につきますが、角の所に四角な植え込みがありますな。

あそこは今の鐘楼よりもずいぶん大きいですよ。倍ぐらいはあるんじゃないですか。

今の鐘のある、ああいう形ではなくて、二重の立派なものです。

みなさんには、植え込みのままの回廊では、できたときの姿が想像できないでしょうけど、わたしらには、それがわかります。

すばらしいですよ。

回廊ができてはじめて伽藍と言えますからな。

中門も、門だけぽつんと建ってて、かわいそうなもんです。両わきに、復廊がついたら、すばらしいでっせ。

しかし、回廊ができますと、今みたいに、自由な位置から塔を見るわけにはいきませんがね。

中門に立ちますと、法隆寺と違って金堂が正面にあるんで、近く見えるという人がありますが、法隆寺よりは余計離れているんです。ただ、まるで伽藍配置が違いますからな。薬師寺は、両側に塔があって、正面が金堂です。講堂は見えません。中門のなかからですと、塔も見えません。金堂だけが見えるわけです。

結局、四天王寺や法隆寺のように、塔を中心にするんではなく、仏像中心になっているんですな。

金堂に向かって石畳がありますが、そのまん中に灯籠《とうろう》が立ってます。この位置は、東塔・西塔、金堂を横にすると、それぞれの天辺がここで重なり合うんです。

塔や金堂の高さは、そういうふうに作られてるんです。今の灯籠は、昭和になって

薬師寺・中門の天井

中門と植え込み

作ったもんです。あまり、いいことありませんな。芸大の先生が作ったんですが……わたしから見ると少し胴が長いとおもいますな。あと一尺短かったら安定しますけど、ころんといきそうですな。昔のはいいもんでした。だから、下手なものは、今は作らないほうがいいということです。

金堂の前に石段が三つありますな。両側は僧籍のある者のもので、正面は天皇以外は使わないんです。天皇以外で入るのは勅使だけです。これは中門でも同じです。

それにしても法隆寺と薬師寺では、金堂の意味がずいぶん違いますな。四天王寺は塔が中心、薬師寺は本尊が中心ということです。法隆寺はその間ぐらいですか。本尊中心になると、金堂の役目というのは大きいわけです。

中門内側の柱群

薬師寺の燈籠

ここを復元するのに、大論争しました。本尊さまを守るのに、防火シャッターをつけることや、中心の所だけコンクリートで作らな許可せんというわけです。ですから、ここはコンクリートです。そのまわりはヒノキです。天井は金属です。金属板に模様を印刷してあります。

ヒノキは千年以上の寿命があるというのに、コンクリートの鞘《さや》みたいなもん入れなきゃならんのですから、ずいぶんやりあいました。

さまざまに工夫して、三百年もてばせいぜいというコンクリートを使うのは、納得がいかん言うてね。

ペルシア・ギリシア・インド・中国の知恵が、ここに集まった

この本尊は銅で作られてます。これは白鳳だから、まだ日本から銅が出なかった時分です。

この後の時代に、陸奥《みちのく》で銅が出て、和銅という年号にしたんですからな。ですから、これは舶来《はくらい》の銅だとおもいます。一〇トンはありますな。たいへんな大仕事だったでしょうな、一〇トンの銅を中国から運んできたんですから。

そうやって作った像をおさめるために、この金堂《こんどう》が作られたんですな。

時代が白鳳になると仏像の感じも変わります。だんだん人間に近づいてきますな。

法隆寺のは、みんななかなかこわい顔してますが、こちらのは体も柔らかいし、全体に女性的になってます。

仏像のうしろにある光背《こうはい》、これは江戸時代にできたものです。木彫ですな。元は銅の立派なものがあったとおもいます。この光背も復元しようという話で、いろいろやってみたんですけれど、お像に似合うほどのものは、なかなかできまへんな。むずかしい大仕事ですわ。

科学万能の時代にふしぎなことですが、このお像に合うだけの鋳造《ちゅうぞう》技術が現在ないんです。この仏像と同じように光背を仕上げるだけの技術が、今はもうなくなってるんです。結局、金堂の前にある灯籠みたいなもんしかできません。あれで、精いっぱいなんですな。

まあ、下手なもんは作らんほうがいいんですが、作れないというのが事実ですな。

法隆寺の金堂と、ここ薬師寺のとはずいぶん違うとおもいまっしゃろ。法隆寺は、像をおさめてあるだけですが、ここは、みんなが入って回れますな。

ここでは、法事のとき、導師が中央にすわって、そのまわりに坊さんがすわるんですな。信者の人はうしろに立って、拝ませてもらうんです。法隆寺の大講堂に似たところがありますな。

仏像の置かれている須彌壇《しゅみだん》は、記録では瑪瑙《めのう》になってますが、大理石です。台座、これも立派ですな。この銅も中国からもってきたんです。多分、銅をもってきて、こちらで鋳造したんでしょう。このお像の仕上げは、見事になめらかですやろ。けれど台座のほうはデコボコしてますからな。

ここに彫られている模様はおもしろいでんな。仏教の伝来の道すじの国々の特徴が描かれてるんです。

ペルシアのぶどう模様
ギリシアの唐草模様
インドのストゥーパ
中国の四神

この台座には、前にも話しましたが四神《しじん》相応《そうおう》のことが彫られてますな。この下の部

薬師寺・金堂

金堂の台座は四神に守られている。

南の朱雀

東の青龍

北の玄武

西の白虎

僧房に展示してある台座模型

分です。

わたしらは、今、うしろの北側から見てますので、玄武《げんぶ》ですな。亀とヘビが交わる姿だといわれてます。

この台座をそっくりプラスチックで作ったものが、東の僧房に展示してありますから、ゆっくり見られるといいです。

東側は青竜《せいりゅう》ですから竜、南は正面で朱雀。〝すじゃく〟ではなく〝しゅじゃく〟といい、鳥です。西が白虎《びゃっこ》ですな。虎と竜が似てます。

金堂はみなさんが入れますから、よく見てもらいたいですな。天井もきれいな模様が描かれてますでしょ。

これは白鳳独特の模様です。ハスを描いてあるんですな。

金堂と塔の天井だけが、こんなふうに飾ってあるんです。門や回廊には、こんなんはありません。尊いところだけに、この模様を描いたんですな。

これも金堂を復元するときに、考えたんです。実際にどんなだったか見たわけではないですからな。

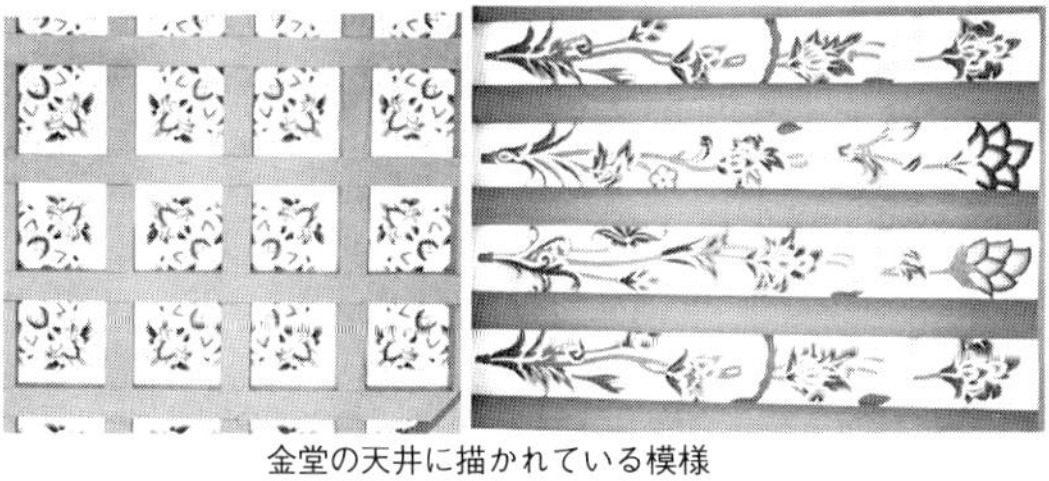

金堂の天井に描かれている模様

どうやって、この模様を考えたのかいいますと、唯一創建当時のまま残ってます東塔を参考にしましたのや。

柱のエンタシスの形もみんな東塔から設計したんです。

東塔のは、もうはげて、ほとんどわかりませんけど、ところどころに残っている部分をつなぎ合わせてみると、こういう模様があったことがわかり、それを復元して新しく描き、はめこんだんです。

昔とそっくり同じ顔料《がんりょう》を使ってるんでっせ。京都に日本画の顔料専門の店がありまして、そこへ頼まないとありませんがね。

この藍色《あいいろ》は金一匁《もんめ》よりも高いんでっせ。日本画の材料というのは高いもんです。ですから、三蔵院の絵殿に描かれる平山先生の顔料はそれだけで一億円からだそうです。

西塔の中が三月には公開されますから、内に入ってみるといいです。天井には、同じような模様が描かれてます。

金堂は誰も見たことのないものを、記録と残されている東塔をお手本に復元したものです。基壇なんかは残っていましたし、礎石もありましたから柱の穴の跡などから初重の構造はわかりますが、裳階《もこし》のついた二重のことは、二重があるというだけでよくわかりませんのや。

高さはどれぐらいかとか、正面の広さはどれぐらいか、軒の反りはどれぐらいか、いろいろ考えます。

正面は仏さんの顔が拝めますように軒を一段上げました。二重の高さは、こう横に倒したとき、灯籠のあるところで、二つの塔の先端が重なる所にくるようになってます。

いろいろ設計図をひいて、一〇分の一模型を作って、これでよしというのを作ったんです。どこかに、私の作った一〇分の一の模型がありますやろ。

それは、コンクリートなんかなしで全部、ヒノキで作ってあります。

金堂の屋根の東西には鴟尾《しび》がのってます。これは法隆寺の金堂にはありませんでしたな。しかし、本来は法隆寺の金堂にも鴟尾があったんです。この時代飛鳥、白鳳、天平ごろは屋根にのっていたのは鬼ではなく鴟尾だったんです。

鴟尾というのは軒の反《そ》りと関係があるんです。前に軒の反りは、天帝思想というものに基づいて、王者は天に近づくということをあらわしたものやって話しましたな。

反りは鳥の翼をあらわし、鳥の尾の形をあらわしたのが鴟

金堂の屋根にのっている鴟尾

尾です（二尾の鳥が抱き合ってキスしている形）。中国の建物では、真ん中にそういうことを意味した、頭の部分をのせたものもあります。

中門から入って、左右に二つの塔を見て、金堂を回って、そのうしろ、北側にある講堂を見ますとふしぎな感じがしますな。

羽ばたくような天に向かう大らかなものがありませんでしょ。威厳を誇ろうと、こんな形の屋根にしたんですな。江戸時代に作ったものですが、大きさといい、形といい、創建当時とはまるで違うんでっせ。

重量感をだそうとして、こういう勾配の屋根を考えたんでしょうが、これは、もちが悪いんです。材料もヒノキではないんです。

ツガとマツです。材料が悪いでんな。

このころの薬師寺は貧乏だったんでしょうな。

この建物は解体して、あらたに元どおりの大講堂を作ります。そのときは、ここにある植え込みまで軒がくる立派なものになります。

薬師寺の復元した金堂は立派なもんですが、講堂はこの金堂の倍ぐらいあるんでっせ。

今建っている三蔵院が終わったら、かかります。それでも、七〜八年はかかるでしょうな。

そのとき、この講堂はどうするのかって聞かれますけど、材もマツやツガじゃ使えませんし、解体してどこかへ持っていってしまうだけですな。

講堂の北側に東僧房、西僧房と四棟の僧房があったんです。講堂の真北は食堂《じきどう》です。これだけの大きな伽藍にはたくさんの勉強するお坊さんがおったんです。その坊さんたちがいっせいに食べる食堂ですから、それは大きなもんだったんでっせ。

今、東と西の僧房が復元されてますが、ここ東の僧房に、さっきもいった金堂の仏像の台座や、塔の水煙の模型がありま す。

薬師寺・講堂

よーく見るといいですな。

植え込みにそって、塔のほうに戻りましょうか。ここが回廊になるんです。

この角が鐘楼です。

今、わたしが鐘楼の設計をしているところです。

白鳳の建築の美しさを活かした二重のものにしようとおもってます。

東塔より、再建した西塔のほうが創建時の形を残している

この東塔だけが創建当時のものです。天平二年（七三〇年）に建てられたと記録されてるそうです。

西塔も金堂も、今のは復元したもんですが、復元のもとになったのは、みんなこの東塔です。

屋根の反りや格子、木組み、天井、柱、壁、みな東塔を見ながら考え、設計して再現したんです。

西塔のほうは、東塔と同じものを復元したんですが、そっくり今のまんまを復元したわけじゃないんでっせ。この東塔も長い間に、地震や雨風でいたんだり歪《ゆが》んだりし

薬師寺・東塔

てます。そのたびに、その時代のやり方で修理してるわけです。

ですから、この東塔も創建当時とそっくり同じというわけじゃないですな。千三百年も、こうして建ってるんですから、少しは変わってもしようがおまへんな。どの部分がいつ修理したものか、どこが昔のままかを調べなりませんが、解体しないで調べたんです。解体しないでというのは大変でっせ。

東塔と西塔を比べてみればわかります。西塔は復元したものですが、文献を調べ、東塔を調査して、創建当時はこうだったろうと、おもうとおりにしたんです。色は、東塔はすっかりはげてしまってますが、元々は西塔や金堂のようにきらびやかなものだったんです。

この塔は屋根の数をかぞえますと六重の塔に見えまっしゃろ。ですが、三重の塔です。下から、一番目、三番目、五番目は裳階ですな。

裳階はそれぞれ初重、二重、三重の壁面を守る雨風よけの役目と、ひょろりとした塔を、それぞれしっかりと固める、桶《おけ》のタガのような役目をしてるんです。

裳階の屋根は軒が短いでっしゃろ。法隆寺の五重塔は、初重にだけ裳階がありましたが、ここは各階にあります。

そういう意味でも珍しい建築ですな。大小大小と三重に作られたこの塔は美しい形

東塔

西塔

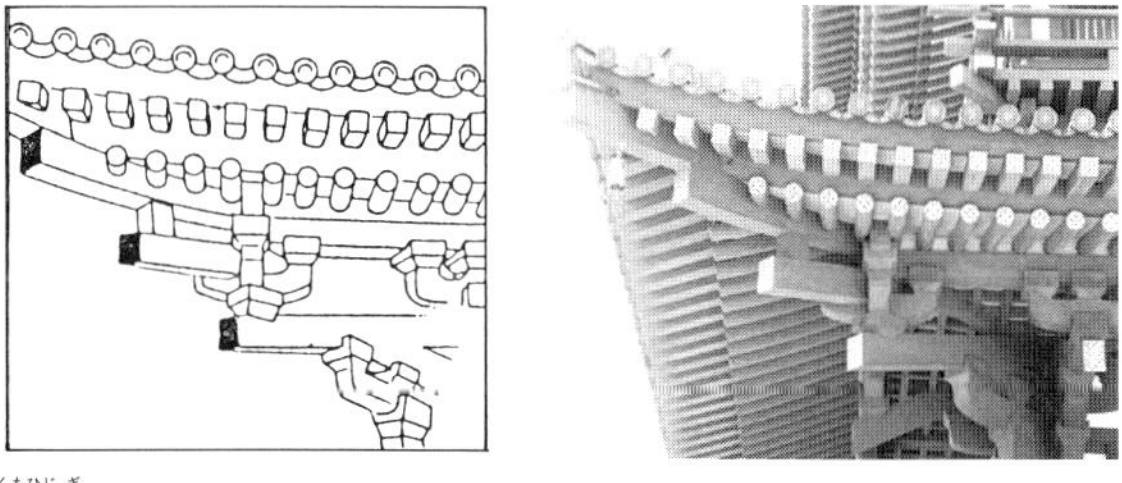

雲肘木《くもひじぎ》のかわりに〝三手先〟という組み方が使われている

してますな。法隆寺の建築とは違って、やさしい感じがしまっしゃろ。

東塔の初重の裳階は白壁で、西塔は緑の色の連子格子がはまってますでしょ。東と西を比べるとここの違いに気づきますな。

X線《レントゲン》で調べたら、東塔の白壁の所に、連子格子の痕跡があることがわかったんです。室町時代に、地震で塔が歪んだということがありまして、そのときに一回、大修理しているんだとおもいます。そのとき、連子格子では弱いから、壁でつっぱっておこうということで壁にしたんでしょうな。明治の修理では、そういうことも調べずにそのままにしたんです。だから、東塔は建築年代は古いけれども、形は室町になってしまったのです。西塔のほうは昭和の建築ですが、復元されて本当の白鳳の形になっているということです。

法隆寺に比べますと、材なんかも細いですな。柱の太さが、法隆寺の柱の太さの七割ぐらいしかありません。それと雲肘木《くもひじき》で長い軒を支えるという形が、ここではありませんでしゃろ。かわりに〝三手先《みてさき》〟という組み方になってます。この三手先組は、後世の建築のお手本でっせ。

大斗《だいと》の上に三斗というて、斗《ます》が三つのってますな。その肘木《ひじき》に直角に外へ向かって肘木が出て、その上に斗をのせて、さらに上に肘木を出すというのを全部で三回繰り返して、深く出ている軒を支えているんです。

雲肘木に比べたら短く、細い木を組み合わせてるんですな。材がなくなっていたこともありますでしょうな。

法隆寺の五重塔の隅木《すみき》は下から見上げると、ピシッと通ってましたが、ここの東塔は一直線にはなりません。室町のときに歪んだのが直しきれなかったんだとおもいます。明治のときに解体修理しておれば直りそうですが、金はたくさん使ったけど、そこまではいかなかったんでしょう。ずさんなやり方だったんですな。しっかりした棟梁がいなかったということでしょうな。

西塔と比べてみるとわかりますが、三重目の軒が東塔は短いんでっせ。調べてみましたら、東塔の三重の塔は一尺切り縮めてあるんです。塔が歪んだのと、材が腐ったりの事情があったんでしょう。大修理のとき、元に戻さず、とにかく四角にしておこうということで切っちゃったんでしょうな。

東塔の下に立って、隅木を見ますと三重が突然見えなくなりますが、西塔ではそんなことありません。復元して元の形になってますからな。

隅木の組み方も雲肘木ではなく、三手先組ですが、この小さい木を組み合わせていくのは、結構面倒くさいでっせ。法隆寺みたいなのは、一本ドボンと大きなのを出して、その上にのせていけばいいでっしゃろ。けれども、ここの場合は、それぞれの勾配が違うでしょ。それが尻のほうでは三つとも一緒になっているんでっせ。それを計算して、それぞれが最後におさまるようにしてあるんです。

尻のほうはそうやってなかに入っていて、初重は二重の重みで、二重は三重でおさえる。荷重をそれぞれ上の階がおさえている。三重目は相輪《そうりん》がおさえる。ここの相輪全部で三トン半あります。心柱の先にエンピツのキャップみたいにして、銅の筒先をはめてあるんです。

ところが、東塔の先は南に倒れてるんです。だんだん南東に傾いている。西塔も倒れはしないかと心配してます。

西塔は復元しましたが、大地震か大風が吹かないと、本当にできているかどうかわかりませんな。

大地震があって、東塔は倒れたけれども西塔は残った、ということになれば、まあ安心ですけれども、東塔が歪んだまま立っているのに、西塔が倒れたということになったら作ったわたしは生きてはいられないですな。腹切って死ななければなりませんな。

ここの塔で、素晴らしいのは相輪の先にある水煙《すいえん》です。法隆寺のは蓮《はす》の花のつぼみを並べた形ですが、ここのは天人が天から舞い降りてくるというところです。法隆寺

薬師寺・西塔

はまだ仏教が理解されずにいた時代で、とにかく大陸に負けまいとしたんでしょう。ですからしこりがあって、強い感じが出てます。こちらのほうになったら、仏教というものが、定着して、天武天皇が自分の皇后のためにこの伽藍作ろうとしたときには、天の浄土をこの地に移そうとしたんだとおもいますな。それで天女が伽藍に舞い降りてくるというふうに表現したんだとおもいます。

わたしが、ここに来たとき、法隆寺とは違うなとおもいました。法隆寺は学問の場として、薬師寺は信仰の場としての伽藍なんだなとおもいました。水煙はそれを見事にあらわしてますな。

これだけの図案ができる人は今はおりませんで、西塔の水煙作るとき、誰か偉い先生にデザイン頼もうということだったんですが、

「そんなの、やめておきなはれ」

と言ったんです。

偉いデザイン家の人がきてもこれだけのものは、いくらがんばってもできません。よくこんな素晴らしいものが考えられたもんですな。

西塔の中の釈迦像

東塔の天辺にある
水煙模型

昭和の新伽藍、三蔵院の上棟式

東塔をのぞいて薬師寺の堂や塔は、昔あったもんが火事などで失《の》うなってしまったもんを復元したもんでしたな。

今、建《や》ってますのは〝三蔵院〟いいまして、創建当時の伽藍にはなかったもんです。今回新しく伽藍に加わるわけです。

建物は、夢殿のように八角形の形をしてます。わたしらが台湾で選んできたヒノキを使います。

今、建てているのが正式には玄奘三蔵院絵殿《げんじょうさんぞういんえでん》というんです。平山郁夫先生が描かれる絵で天井、壁面、床面が飾られるんです。

インドに仏典を取りに行き、東方に仏教を広めた偉いお坊さんのお骨の一部を、薬師寺の管長さんがわけてもらってきたので、玄奘三蔵の業績をたたえて、三蔵院を作ることになったんです。

昨年の十二月八日に、三蔵院絵殿の上棟式がありました。

こうした昔どおりの作法で行われる式はめったにありませんので、その様子を紹介

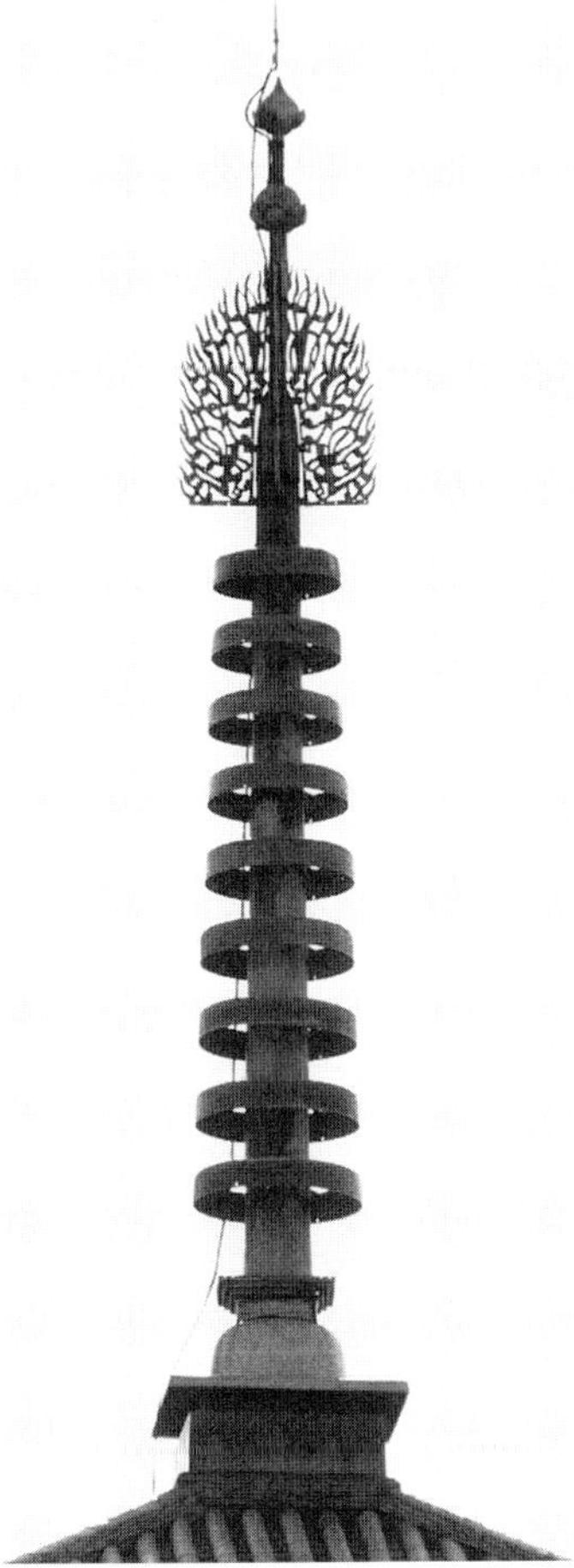

東塔の天辺（相輪と水煙）

建築中の三蔵院（昭和62年12月）と
その模型（下）

三蔵院完成予想図

しながら、宮大工の役割りというのを見てみましょうか。

式は一時間ぐらいのもんでしたな。寒い日だったもんで、わたしはカゼをひいてしまいました。

寺でも式の形は神様をまつるんですな。法隆寺の場合も、神道と仏教と二段階でやりました。

ふつうでしたら、お寺さんなんですから、管長さんが仕切ればいいようなもんですが、わたしら宮大工が主導権をとるわけですな。

前に〝四神相応の地〟ということを話しましたが、上棟式で正面の左側に掛けられていたのは、その掛け軸です。薬師寺のものです。

手斧《ちょうな》やヤリガンナなど、大工道具はわたしのもんです。

ああいう儀式というのは、めったにやらないもんです。法隆寺で同じような儀式やったのは、大講堂と金堂、塔のときです。新しくするときだけでなしに、解体のときもやりました。

新築の場合は、上棟式以前に地曳《じび》きから建前などの式があります。建前のときには、清鉋《きよがんな》で儀式をします。

カンナで部材を清めあげるんです。ヤリガンナを使うんです。でも、そんなんは時間がかかりますやろ、それではぶいて上棟式、地曳き、竜伏《りゅうふく》などをするわけです。

宮大工が白装束で儀式をすすめるというのは、まあめったにありません。

儀式は、昔からのしきたりにならってするんです。法隆寺には『匠家故実録』というのが伝わってまして、式の順序や、こういうときはこういう祝詞ああいう祝詞というのが、ちゃんと決まってますのや。それに従って、棟梁が祝詞や音頭の文句を作るんです。

薬師寺にも、そういうものがありますのやろけど、今はわからないんで、わたしのやり方でやってます。

でも、いざ儀式をやるとなるとたいへんでっせ。みんな文章作って、書かなくてはならんし、大工たちも歌やら仕草やら練習せなならんでしょ。

宮大工たちが歌っていたもんでもそうです。節はきまったもんでっせ。けど、文句はその場、その場で考えるんです。大工たちも練習するわけです。

歌にしても、槌の音にしてもなかなか揃《そろ》いませんからね。

今回の場合でも、初めてこういう儀式に参加した者も多いです。これから宮大工というのが、存続しづらくなると、こういう機会は少なくなりますし、作法とかしきたりというのもなくなりまっしゃろ。

祝詞なんかでも意味があるんですよ。

今回の祝詞は一七七ページの写真にあるようなもんですが、わかりづらいでしょうから、読んでみましょうか。

「三蔵院絵殿上棟祝詞、つつしみ、つつしみ、おそれみ、おそれみて申す。かけまくも、かしこ神代のいにしえ、たくみの道のとおつおや神たちの宮造りのわざの、のりをはじめ給える。中昔神業にして、聖のみこのけみし、定め給えるたくみのわざごとの、満ちそなわりてより、あおひとくさのすえつながれの、おのれらたくみつとむつもの、心のままに、梁《はり》高く、柱太しく、御屋形営みつくるをうるは、とおつおや神たちのみ恵みをこうむりたてまつれり、今のたびの薬師寺三蔵院つくり、営むに今日のよき日をえ、絵殿の棟を高《たこ》うせんとす。これによりて柱根《はしらね》の所にみくらをもうけ、三玉女神《さんぎょくじょしん》をうやまいたてまつり、道開《みちひら》きの神、拝みたてまつりて、いとなみ、つくりごとの幸いを祈りたてまつり、屋《や》の上のみくらには、なかのみくらぞの天《あめ》御中主尊《のみなかぬしみこと》、おおひるめのむち、つきゆみのみこと、左右のみくらには、いずはめのみこと、五帝龍王神《ごていりゅうおうじん》ここの柱のかみたちを、うやまいたてまつり、この日の上棟のなりととのい、ならびに、この後《のち》のつくりごと幸い絵殿の長く久しく安らかに穏やかに、仏法興隆《ぶっぽうこうりゅう》の栄へまさんことを祈りたてまつる。かしこきおん神たちのみいきおここで、昭和六十年十二月八日の上棟式の様子を説明しておこう。

会場は玄奘三蔵院絵殿。周囲は足場を組んだまま。祭壇は中央に設けられている。正面に薬師寺管長高田好胤氏の書『不東』。その前に経が積まれた席がある。

正面左側には、四神相応《ししんそうおう》の地のことを表現した掛け軸がある。この前が、宮大工としての祭壇であろう。鏡餅が二枚置かれ、ミカンの山、白菜、サツマイモ、キノコ、サトイモ、ダイコン、ニンジン、ゴボウなどの野菜。その下の段に赤と黒の墨壺、黄金と銀の指金、手斧、ヤリガンナが並べられている。

そのひとつ下の段に、槌二本と羽子板状の打盤二枚が置かれていた。上の棟からは赤、白、緑の帯状の反物がつり下がっている。

一般参加者は祭壇に向かって左右の〝空地〟（と言っても建物の中）に。周囲は紫、白、黒、黄、緑の縦縞の垂れ幕が下がっている。

十一時五分に挨拶があり、白装束の宮大工さん、西岡棟梁が入場。西岡氏は、黒の烏帽子《えぼし》に白の鉢巻、白装束に赤衣。

僧たちの声明。祭壇から槌と打盤を宮大工たちが手分けして持ち、堂から出て行く。その間声明は続いている。

西岡氏ほか宮大工たちは、会場裏手の階段を上がり、階上に設けられた祭壇の前に立つ。ここで、西岡氏が祝詞《のりと》を奏上する。階上の様子は一般参加者や僧たちは見ることができない。

祝詞の最後に〝薬師寺棟梁西岡常一〟と。棟から下げられている赤、白、緑、の帯は、綱のようにして参加者に持たせてある。式の後にこの布は、参加者に〝お守〟として配られる。

階下に降りてきた、白装束の宮大工たちも参加。白地に日の丸の扇をかざして、玄奘三蔵院絵殿上棟音頭が歌われる。歌うのは宮大工たち。

歌の間に「六根清浄《ろっこんしょうじょう》」と合いの手が入る。因みに詞は「アリャーエ、奈良の都の薬師の

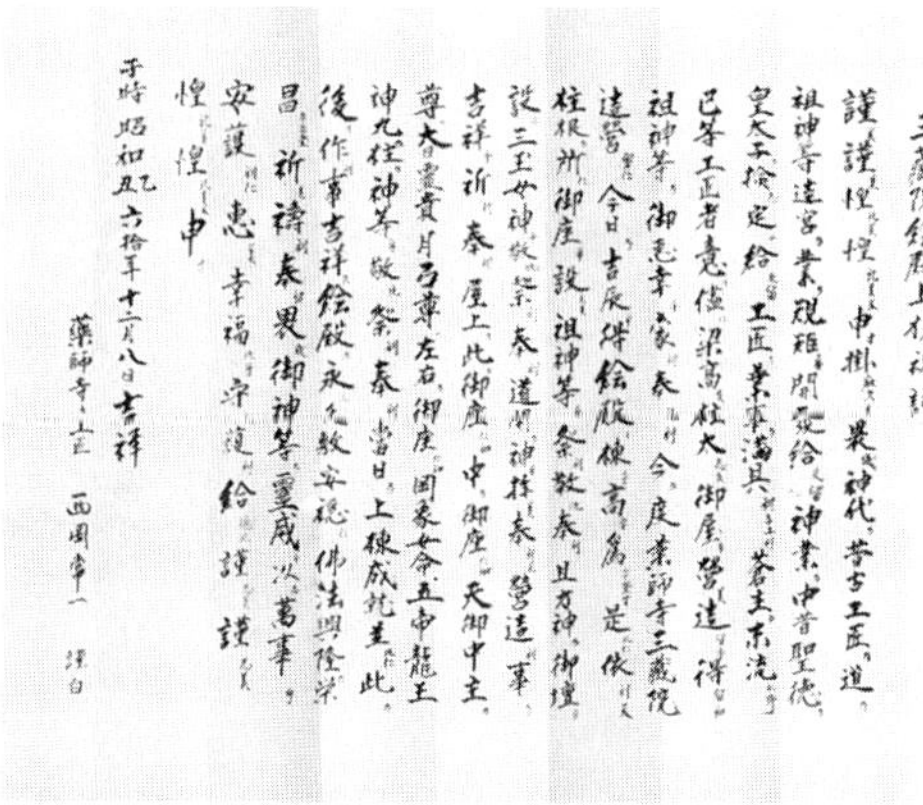
三蔵院絵殿上棟祝詞
謹謹惶惶中掛畏神代等古工匠道
祖神等遠家業現雅開発給神業中普聖徳
皇太子捺定給工匠業事満其蒼主末流
己等工匠者意億梁高柱太御屋営造祥
祖神等御恵幸家奉今度薬師寺三蔵院
造営今日吉辰伴絵殿棟高為是依
柱根所御座設祖神等祭数奉且方神御壇
設三王女神教祭奉道開神拝奉営造事
吉祥祈奉屋上此御座中御座天御中主
尊大日靈貴月弓尊左右御座国気女命五中龍王
神九柱神等敬祭奉当日上棟成就並此
後作事吉祥絵殿永久教安穏仏法興隆栄
昌祈祷奉畏御神等霊威以萬事
安護恵幸福守護給謹謹
惶惶中
于時昭和丑乙六拾年十二月八日吉祥
薬師寺工匠　西岡常一　謹白

西岡棟梁が、この日のために書きあげた祝詞。

寺にヤァーエ、ヤァートコセー、コーヲイヤナー、祖師を崇めて今新たヨーヲイトナー、アリャザンゲ『六根清浄、六根清浄』ヨーヲイトコヨーヲイトコセ」が一番である。

入場の際に、この詞を六番まで書かれた紙をもらった参加者も、おずおずと唱和する。

扇《おおぎ》は入り口の方に向かって振られる。布から手を離し、この儀式が終わる。

西岡氏が、槌で打盤を打つ音をバックに、建物がしっかりと、長い間建ち続けるようにと、歌を詠むように述べる。間に、宮大工たちが「おう」という掛け声をはさむ。

これで、棟梁及び宮大工たちの式は一段落し、槌や打盤は元に戻される。

次いで薬師寺側の、寺としての儀式が続く。一万巻の写経をした人たちへの管長からのお礼があり、次いで般若経の読経。管長以下、参加の僧たちが唱和。前に積まれたたくさんのお経をパラパラとめくりつつ読経は続く。

こうして上棟式は終了。十二時九分。

三蔵院上棟式当日。西岡棟梁と大工さんたち

中央祭壇の左にある祭壇には、いろいろなお供え物といっしょに〝宮大工の神器〟が置かれる

祭事の後、棟の上に打盤があてられ、その上を槌でたたく。棟がしっかり組まれるように行なう儀式である

上棟式で祝詞を読む西岡棟梁

上棟式の会場。棟からつるされた赤・白の布を手に音頭
がとられる。白装束の宮大工たちが儀式の主役である

いもって、よろずことやす護《まも》りに恵み、幸いを護りたまえと、つつしみ、つつしみ、おそれみ、おそれみて申す。これ時、昭和きのとうし、六十年十二月八日吉祥《きちじょう》薬師寺のたくみ、西岡常一つつしんでもうす」

こういうことですな。簡単に言いますと、古い日本の神代《かみよ》からの匠《たくみ》の始まりから中世に聖徳太子が出て諸職を定めた。今日、三蔵院を作るのも、われわれの力だけではなしに、神々の集積であります、というようなことですな。

日付が十二月八日というのは、八日が薬師本尊の命日で、祭日《まつりび》だからです。十八日は観音様の命日です。こうした儀式には、それぞれ歴史や意味がありますが、そういうことがわかってもらえると、いいんですが、なかなかむずかしいことですな。

第五章　宮大工の生活

わたしたち宮大工の生活のことや仕事の話をしましょか。ちょっと個人的なことになりますけど、宮大工の仕事がどういうもんか、木とどうつき合ってきたかというのがわかりますやろ。

わたしは朝は六時半に起きます。起きたら煎茶《せんちゃ》を呼ばれます。それで気持ちを落ちつけて、それから洗面です。その後、背骨が歪《ゆが》んでいますので一五分間、首をひっぱります。昭和三十五年に福山の明王院五重塔をやりにいったときに痛めたものです。職業病みたいなもんですな。

あのへんは力仕事もほとんど女の人がします。男は漁師ですから海に出てますな。女の人ばかりで心柱をかついでよろよろして危ないんで、それで助けに行ったんですが、向こうはかなわんというので降ろしたのと、わたしが肩を入れたのと一緒でボキッという音がしましてな、背骨が少しズレたらしいですな。首ひっぱりますとラクになるんです。それから朝ごはんです。

おじいさんの時代には、毎朝神様を拝んでいました。顔を洗うと同時に、まず太陽を拝んでました。わたしも拝まされました。わけわからんけど拝んでました。今は気持ちの上だけですな。人も万物もみな太陽の子ですよって。

朝ごはんは、胃を切りましたから、豆腐とおぼろこんぶが主です。米は上等なコシヒカリですな。おかずをぎょうさん食べずに飯《めし》をぎょうさん食べると、力が出ると昔から言われているんです。おかずは漬け物でいい。飯を食えと言われましたな。

　飯も今は茶碗《ちゃわん》で一杯ですが、昔は二～三杯は食べてましたな。おかずなんかでも、普通の人と同じですが、上棟式とか立柱式の前は〝潔斎《けっさい》〟（身を清めること）です。明日は式となれば、帰って風呂へ入ったら一切不浄のものに触らないもんでした。

　弁当はかなり持っていきましたな。普通三合から四合ぐらい、木挽《こび》きの人は重労働ですから、一升ぐらい持ってきますな。

　一〇時ごろに一回、タバコを一服するぐらいの休憩があって、昼飯の後は一時間ぐらい休みますな。

　職人はみんな個人個人で自分の仕事をこなしていきますから、休憩でも昼食でも、誰に指示されなくても仕来《しきた》りで皆一斉に休みますな。仕事をしてるときもそうです。仕事の前にカンナを砥《と》ぐなんてことはありま

長く仕事をしているベテランの大工さんとの打ち合わせ

せんでしたな。

明日使う道具は、前の日の夕方、仕事が終わってから揃《そろ》えておくんです。それだけサービスですな。今の人はそんなことやりませんな。

見習いの時代

職人には〝見習い〟がついてました。「それ、金づちとれ」「それ、釘をとれ」ということで、仕事をさせてもらうんじゃなくて、手伝うだけです。

小学校終わったら、一二〜一三歳ぐらいで見習いにきたんです。それで兵隊検査までが見習いで、兵隊検査が終わって、兵隊に行って、帰ってきて一年間お礼奉公して、それで独立したんです。

独立するときは道具を一式揃えてもらえます。親方のよりいいものを持ちますな。道具はいいものを与えないと性根が入りません。「わしは親方より上等ののみを持っている。親方があの仕事するのに、俺ができないわけはない」とおもうでしょ。だから親方よりいいものを持たせる。これが無言の教育です。独立の後は自前で道具を買い足していきますのや。修業中も道具をひとつひとつ増していくんです。カンナは大分後ですな。手が枯れてこないとうまく砥げませんからな。わたしが初めてもらったのはのみでした。おじいさんが「これ使いこなしてみよ」と言ってくれました。一本じゃなしに、五分、八分、一寸二分だとか一揃いでした。そのときは、うれしいというより「厄介なものやな」とおもいました。責任のほうが大きくなりますからな。

初めは使い走りで、少しずつ仕事をさせてもらうんですが、職人は教えるというても口より先に手が出るんです。

そうやって修業しても、みな宮大工になるわけじゃないんです。ほとんどの人が宮大工まで達しませんな。道具が使えるようになって初めて規矩《きく》、木割、建築史などの勉強が始まるんです。それが金儲《もう》けに変わって、あの家一軒建てて儲けてやろうというほうにいってしまいます。そうすると勉強の機会がありませんな。

心がけの問題です。わたしと一緒に法隆寺で仕事をした大工は六〇人ほどおりましたが、宮大工で残ったのは、わたし一人だけでした。みんな気張ってやっているんですけど、学ぼうという心がないと、ただ仕事をするだけになってしまうんです。「仏を崇《あが》めず神を敬わざる者は、伽藍《がらん》、社頭を口にすべからず」という口伝があり、神道というもの、仏法というものを理解せねば、宮大工の資格がないということですな。

見習いの間は、仕事もおぼえながら心構え、礼儀ということも教わるんです。見習いに休憩はなしです。自分の親方の仕事だけでなしに、みんなの小間使いをするんです。昼飯のときは休憩ですが、お茶をいれたり、後片付けもするわけです。

そういう仕事の中で、親方やよその職人さんの道具や砥ぎ方を見たり、削られた木の癖や質をおぼえていくんです。実際には、それぞれの違いがわかるまでのほうが長い時間がかかりますな。

そして道具の良し悪し、職人の良し悪しがわかるようになり、「ああ、あいつは俺よりも上やな。俺はあいつよりちょっと上やな」ということで、自分の力量がわかってくるんですな。

穴をうがたせても、ピカッと光るような人と、じゃぎじゃぎの穴しか彫れない人もいます。器用、不器用というのがあるんです。初め器用な人はどんどん前へ進んでいくんですが、本当のものをつかまないうちに進んでしまうこともあるわけです。だけれども不器用な人は、とことんやらないと得心ができない。こんな人が大器晩成ですな。頭が切れたり、器用な人より、ちょっと鈍感で誠実な人のほうがよろしいですな。

わたしは小学校のころは、絵も上手だったし、手工もよかったです。でもどちらかというたら鈍感なほうでした。一と一足して何で二になるのか、わたしはわからなかったです。なすびとかぼちゃがひとつずつで、足すとどうして二になるのか、ふしぎでし

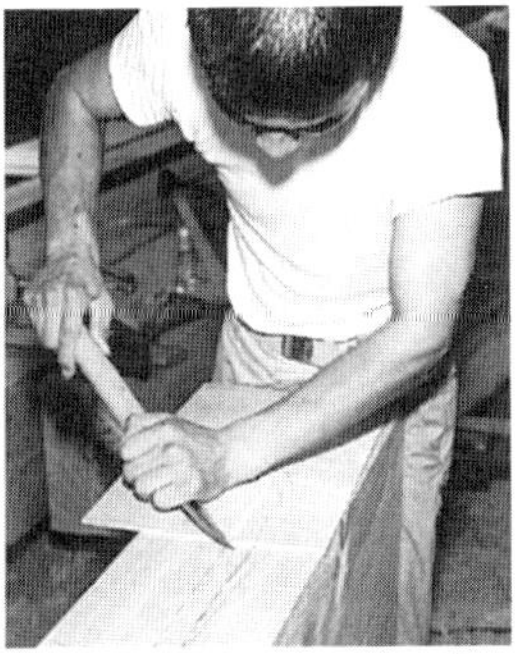

堂塔の仕事をしてみようと、若い
大工さんたちが集まってきている

若い人達が西岡棟梁の指導を受けられるということは、すばらしいチャンスだろう

た。

そんなんでしたが、当時棟梁だったおじいさんが、びっちり仕込んでくれたんです。とにかく厳しかったです。

例えば、若い人は口笛をよく吹きますけど、口笛を吹いてはならんとか、半てんの帯はきちんと結べとか言いました。仕事の心構えとして、だらしないのはいかんということでしょうな。

歩くのは大股《おおまた》で歩かず、小股で忙しく歩けとも言われました。大股になるとのんびりになるんですな。小股でちゃっちゃ、ちゃっちゃと歩くといつも気が張っているということでしょうな。

そして酒は飲むな。酒は飲むと正気を失う。もし飲んでも、正気を失わんように飲めということも言ってました。

この時代に、楽しみというのはありませんでした。とにかくおじいさんに誉《ほ》められるように、はやくなろうとそればかり考えてました。

棟梁になるための修行

腕のいい棟梁というのは、人を育てるのも上手でしたな。とにかく、やかましく言わず、行儀作法は厳しいけれど、仕事については〝溝〟を掘り、いやでもそこにいくようにしますな。気を散らしている間がないようになってるんです。うまいことやらされるんです。今からおもうと、そうなってましたな。

誉めるのもうまい。わたしに直接誉めないんです。母親に「常一《つねかず》は偉い奴や。わしが言わん先にこういうことをしおった」と言います。母親が喜んで、わたしに話してくれます。間接的に誉めるんです。叱《しか》るのは厳しかったですが、それほど叱られませんでしたな。気はきかませんでしたが、一所懸命にやりましたからな。

わたしの所は、おじいさんが棟梁で、おやじがその下にいて、わたしが見習いみたいなもんです。

仕事場も同じ、住む所も同じというふしぎなもんでしたね。出かけるのも本来なら一緒なんですが、わたしは朝寝坊で、いつも家を出るのは一番後でした。母親から「もっと早く起きろ。親やおじいさんより後から出ていくというのはけしからん。もっと早く起きろ」と叱られました。

ところが、仕事を終えて帰ってから勉強するもんだから朝、起きられませんのです。それと昔は今と違って九時に始めるというのとは違うんですな。夜が明けたら現場へ行くんです。夏は四時ごろに明けますし、今頃（四月）なら七時ごろですな。七時ごろには現場に行ってました。それで日が暮れるまで働きました。こうしてみますと、今の人は昔の職人の三分の一ぐらいしか働いておりませんな。

こうして働きますが、休みもありました。毎月一日と十五日は休みでした。一日は神様をまつって拝みましたな。

一日と十五日が休みゆうても、見習いの間は、いろんな仕事がありますのや。

普通、見習いは住み込みやった。親方の家で一緒に暮らすんですな。それで掃除とか洗濯とか子守りとかするわけです。わたしも自分の家でしたが、子守りをさせられましたし、食事の後、茶碗を洗ってふいて元どおりに並べることもしました。母親がやかましいほどさせるんです。

「こういうことも覚えておかないと棟梁にはなれない」と言うんです。「なんでや？」と聞きますと、「棟梁というものは家の内のことから外のことまで一切知らないといけない。例えば使用人の置いてある家へ行って、使用人の苦しみということがわからなかったら使用人の気持ちがわからない。使用人の気持ちをわかるためには茶碗洗ったり、洗濯を知っておかないけない」と言うんで、あれもこれもさせられました。しまいには寿司《すし》まで巻かされました。

とにかく、人の心がわからないようでは人を束ねてはいけません。棟梁というのは、大工だけではなしに、ありとあらゆる職人を束ねていかねばならないのだから、ありとあらゆる人の苦しみをよく知っていなくてはいけない、ということでしょうな。おじいさんやおやじに大工としての技術や心を教わって、母親から人間関係や人の見方を教わったんです。子供のときから、棟梁になるというんで育てられたんですな。

おじいさんやおやじと同じように、わたしも息子に、棟梁をつがせようとおもってました。それで高等学校も工業系に入れたんです。ですが、そこを卒業しまして、いよいよ大工してくれるのかとおもったら、学校にいるうちに国鉄の試験受けて鉄道に入ってしまったんです。こっちはビックリしてしまって「おまえ大工しゃんのか」と言うたら、「いや、終戦後のお父さんの苦しみというものをわたしはよく見てきた。早い話がお父さんのような仕事をしていたら家族を犠牲にする。わたしらはよその人が米を食っているのにカボチャしか食わなんだ、イモしか食わなんだ。そういうことおもうと大工みたいなあほなことはしません」と言うんです。

しようがないですわな。それで「そうか、そういう気ならしようがない。そういう気分で無理に大工させても途中で挫折する。とても辛抱できまい。だからおもうようにしろ。そのかわり国鉄に入ったら、国鉄を大きなお城として、自分はその石垣のひとつだという信念をもって勤めなければあかん。このひとつが抜けたら国鉄が崩れる。そのぐらいの気分で勤めろ」と言いました。

今、宮大工としてわたしの後を継いでいる者に小川というのがおります。

修学旅行で法隆寺に来て突然、「わたしもこうしたものが作りたい」と言って弟子入りしてきたんです。小川が来たときも、跡を継がせようとはおもいませんでした。変わった考え持っている奴だからおもい切り仕込んであげましょうと。なるかならないかは本人の心掛け次第だと。おもい切り、大事なことをみんな伝えておいてやろうという気持ちでやったんです。

小川が家へ来て、寝泊りを一緒にしていたころ、家族揃ってご飯食べますけれども、わたしが座って、その次が小川、その次が長男、次男という具合に小川は一番上でした。なぜかといったら、おまえたちは本当言えばみんな親不孝だと。親の意見にそわずに、親に背中を向けた。この人はよその人だけれども、このわたしというものを信頼して自分から飛び込んできた人や。わたしの仕事を通じていえば、この人が直系や。そやからこの人が一番上。それから長男、次男ということだと。

こんな話もあったそうや。長男が風呂に入っていたら、小川が「ぬるいないか、焚《た》こうか」と言ったそうや。そしたら、長男が、「そんなことしたら親父におこられる」

と言ったそうです。

小川が来たのは高校卒業してからです。昔でいえば、すでに一人前になっている年齢です。いい職人になるには、やっぱり一五か一六ぐらいからです。高等学校出てからでは遅いんです。中学校は義務教育やからしようがないけど、本当は小学校から預かりたいですな。

その人の技量にもよりますけど、高校出てからでは遅いですな。でも、小川は熱心も熱心、夜寝ずにやってました。普通の人と同じにやってたら追いつけんというわけです。ようやりました。そして、昭和四十八年、薬師寺の上棟式をして、同時に法輪寺に塔を作ることになった。

その年、小川は二三か二四歳だったとおもいますが、ここでひとつ小川を苦しめてやろうというので、おまえ一人でやってみよと言ったわけです。こいつならやれるとおもってましたからな。そしたら案の定、うまい具合にやりました。

こういうのも、よっぽど好きでないとできません。辛抱できませんな。だけれども、わたしたちは昔の職人気質《かたぎ》だから、そうした目で小川のやってるのを見てるとやはり甘い所はあります。

しかし、今は労働基準法とかなんとかいう規則がありますから、むずかしいですな。

　昔は、親方が見習いを親から預かりますと、どんなアホでも五年でだめなら十年かかっても、ちゃんとしてあげようとします。おまえはこの仕事にむかないからやめたほうがいいなんてことは言いません。というのは弟子をとるというときに、棟梁と向こうの親たちの話し合いがあります。

「うちは貧しい農家で、この子は次男で田畑がない。長男一人がやっと守っていけるだけだから、どうぞ一人前の職人に仕立ててください」と言って親から頼みに来てます。棟梁のほうにも責任があります。なんぼバカでも、十年かかろうが十五年かかろうが、ちゃんとしたものに仕立てて帰らせてあげななりません。兵隊検査が終わっても、まだ見習いというのもおりますよ。努力するしかないんです。

　昔は一年間は、こづかいなんてなし、飯を食わすだけです。着るものはみんなあげます。子供を預かったのだから養子と同じことです。そして賃金がとれるようになって初めてこづかいをあげるのです。残りは預金しておいてやる。独立するときに、ちゃんと出してやるのです。

　職人が一人前になるためには、辛抱するしかない。そのためには母親の役目というのは大きいでっせ。

　なかなか一人前にならないというような人は、親に泣きごとを言います。そんなとき、父親は「おまえは、どあほや」とおこるだけです。それを母親はなだめて、「これがおまえの天職やないか、一所懸命やってはよう一人前になってくれよ」と、はげまして続けさせるんですな。

棟梁の奥さんというのも大事なもんです。よそから預かった子供の面倒見るんですから、親切で、おもいやりのある人でないといけませんな。

見習いは一所懸命、仕事をおぼえるわけです。木を見て、道具を見て、仕事ぶりを見て、技術を盗むわけです。

ですから、新聞・雑誌を読むことは一切禁じられてました。建築の本を読むこともいかんと言われました。ただ仕事を一途にやれ、余分なことに気を遣うなということですな。

こうして仕事をおぼえていくんです。教えるほうも、教わるほうも必死でしたな。

棟梁の仕事

宮大工になるための修業のこと話しましたが、棟梁ゆうもんがどんな仕事をするもんか、わからんこともあるでしょうから、少しそのこと話しましょか。

棟梁ゆうても大工ですから、木取り、木拵《こしら》え、墨付け、刻みをしたり釘《くぎ》打ったりしますが、それ以外の仕事もたくさんあるんです。

まず、棟梁は建てようとする建造物の全ての責任を負うわけですな。石組み、左官、瓦《かわら》屋根、作業する人の管理など全ての責任を負うんです。

もちろん、自分で全部やるゆうわけではありませんで、それぞれにトウリョウというのがあって、そのトウリョウたちと打ち合わせして、進行から作業内容までをつかんでないいけません。

宮大工以外にもトウリョウと呼ばれる人がいるんですが、字が違うんです。トウは頭《かしら》、リョウは領分の領で頭領です。

つまり、棟梁の下にそれぞれの頭領がいるわけですな。

法隆寺の場合などは、一日一回、頭領衆の寄合いがありまして、そこで打ち合わせが行なわれるんです。

そこで、

「おまえのところは、どこそこを直せ」

「おまえのところはここをやれ」

というふうに、その寄合いで手配や指示をするわけですな。

そうしたなかで、今見られなくなった仕事もありますよ。

大工仕事の手伝いをする人たちです。これを〝手元手伝い〟といいます。

丸太を運んだり、材料を現場へ持っていったりしますし、壁の木舞《こまい》を作ったり、壁土や屋根土の土拵えなんかをする人たちです。

この人たちは大工の見習いとかいうのとは違うんでっせ。大工以上の人でないとできません。大工以上の頭と知恵がいるんです。

例えば、大工が大斗《だいと》を据え付けた。次はこれだなとちゃんと段取りをして、命令される前に運ぶわけです。まったく大工と一心同体です。

こうした人たちの頭が頭領です。

この人がおらなければ、大工仕事がおもうようにできませんでした。

今でいえば、大工と鳶職《とびしょく》を兼ねたような人たちの仕事です。

こうした人たちがお寺と密着してましして、お寺での法要なんかも、こうした人たちがいないとできないんですな。

道具を出すにも、法要の種類によってそれはどこそこにおいてある。これはここにあると、みんな心得ているんです。

正月に門松をたてたりするのもこの人たちでした。

法隆寺には、そうした頭領がいましたが、もう死んでしまいました。今はその跡継ぎまではとてもいかないけど萩という人がやっております。薬師寺にも上田という人が残っております。この人はひいおじいさんの時代から、お寺出入りの頭領です。

その人が反対したら、大工仕事はできません。大工でも、こうした人たちに、

「あんなもんは首や……」

と、言われたらあきませんでした。今は、そんなことありませんが、昔はそうでした。

こうした頭領の下に十数人の手下がいて、みんな手伝ったんですが、今は頭領一人だけですから、どうにもしようがないです。

みんなが仕事をする前に準備をして作業の後片付けをしていたんです。

法隆寺の場合ですと、こうした仕事のほかにも什器《じゅうき》を専門に修理する漆《うるし》屋がおりました。そういう人たちが、みんな修理をしたのです。今はそういう専属の人がおらなくなって、みんな〝芸術家〟になってしまって、あきませんな。世の中の流れが、心を離れてお金を第一に考えるからでしょうな。

お寺は建物も大きいし、いろんな仕事があったんです。障子が破れたら経《きょう》師《じ》屋が

薬師堂・金堂を背に語る西岡棟梁

来て直す。屋根がこわれたら屋根師が直すというふうにね。

お坊さんはそういうことはいっさいやりませんからね。衆生済度《しゅじょうさいど》という大願をもちますさかいな。そういう意味では、お寺が一軒あると、それを支える諸職がたくさんいたわけです。

聖徳太子以前には、壁塗りの上手な人は壁塗り、木を選ぶのが上手な人は大工をしていたんでしょうが、聖徳太子の時代に諸職が決まって、大工、左官、木挽きというふうに分れたんですな。専門の鍛冶屋《かじや》もありました。わたしらの道具もやってもらいました。

内緒で、鍬《くわ》や鎌《かま》なんかもやってたかもしれませんな。

こうした、全部の仕事を棟梁が支配するのです。ですから、お寺を建てるというと、さまざまな職人たちが集まってくるわけです。それを段取りしていくわけです。

今の建築業と、宮大工の棟梁とはまるで違うんですな。まず、心構えが違います。わたしたちのように法隆寺に、先祖から専属してきたものは、金銭を考えません。お寺に金がなければ、われわれで直しておこう。お寺が良くなったら、またなんとかしてくれるだろうと、お互いに信頼し合うという形で付き合ってきたんです。

昔は棟梁は賃金でなく、年棒でもらってたんです。仮にお寺に三〇〇〇石の知行があるとすると、棟梁は年間五〇石もらうというようにですな。

そういうのもあって、のんびりと専属というような形でやってきたんでしょうな。

とにかく、棟梁というのは、全体を見わたせる位置にあるんです。でも、今はそういう形の棟梁というのはおらんわけです。

今、わたしは薬師寺をやってますが、こうした形でやるのもこれが最後でしょう。薬師寺はこれから三十年も四十年もかかるわけですから、その間にも修理だとかという作業が出てくるでしょう。今は復興奉行所という形ですが、将来は伽藍保存管理奉行所というものが必要になるでしょうが、宮大工を寺がかかえるというふうにはならんでしょうし、できませんでしょうな。

結局、役人だとか学者だとか、そうした人が修理の指示なんかをやるんでしょう。宮大工の棟梁という形はこれが最後でんな。

日本の木造建築を保存していくということを考えますと、心配なことです。

わたしら棟梁と、ほかの頭領との付き合いというのもおもしろいものでしたな。

互いに相手の力量というのを見るんですな。値踏みするんです。

あの棟梁にこんな仕事したら、あとでやり直させられるとか、あの棟梁に言われたら、これだけの仕事をしなければならん、ということを知ってるわけです。

その分、わたしのほうでも、それぞれの仕事を見抜けなければならん。気に入らんかったら、やり直しさせるわけですからな。

それに仕事の割り振りでも、季節を考えなきゃなりませんな。

働く人は農家の人が主です。だから仕事をするのでも農閑期に使えるように段取りしたものです。今はそれがありませんな。〝旬〟がなくなったんです。〝旬〟は食べものだけじゃないんでっせ。仕事を進めていく上でも自然の運行と深い関連がありますのや。

賃金もそうです。

大工が一円なら、石工は一円二〇銭、左官も一円二〇銭。屋根葺《ふ》き工というのは半年ぐらいで仕事が終わります。石工でもそうです。大阪城みたいなものでもやればべつですけれども、ふつうはそんなに仕事が続くわけではないんですな。

仕事が短い人ほど高い。

大工は仕事が長いですから一円なんです。そういうことも考えるわけです。

さまざまな仕事が、いっしょに進んでるから、それを見るとゆうたら大変のようですが、一流の頭領たちが揃ってやるときには、実際の作業が始まる前に、みんなわかってるんです。今は、仕事のたびに集めた職人が設計図渡されて、それを見ながらや

西岡棟梁の道具一式

るんですから、心の統一のとれた仕事というのはむずかしいでしょうな。

実際の作業が始まる前の仕事の段取りのほうが、棟梁というのは大変なんです。始まってしまえば、それぞれが、自分の仕事を天職だとおもっている人たちがやってくれるんですから、心配はないわけですな。

設計・積算・人の手配・賃金・作業の進行と、棟梁は「作ろうか」と相談受けたときから「できましたで」と言うまでやるんです。いや、その後も、大風があったり地震があったりすると、「どんな具合やろ」と後々まで心配しないきません。

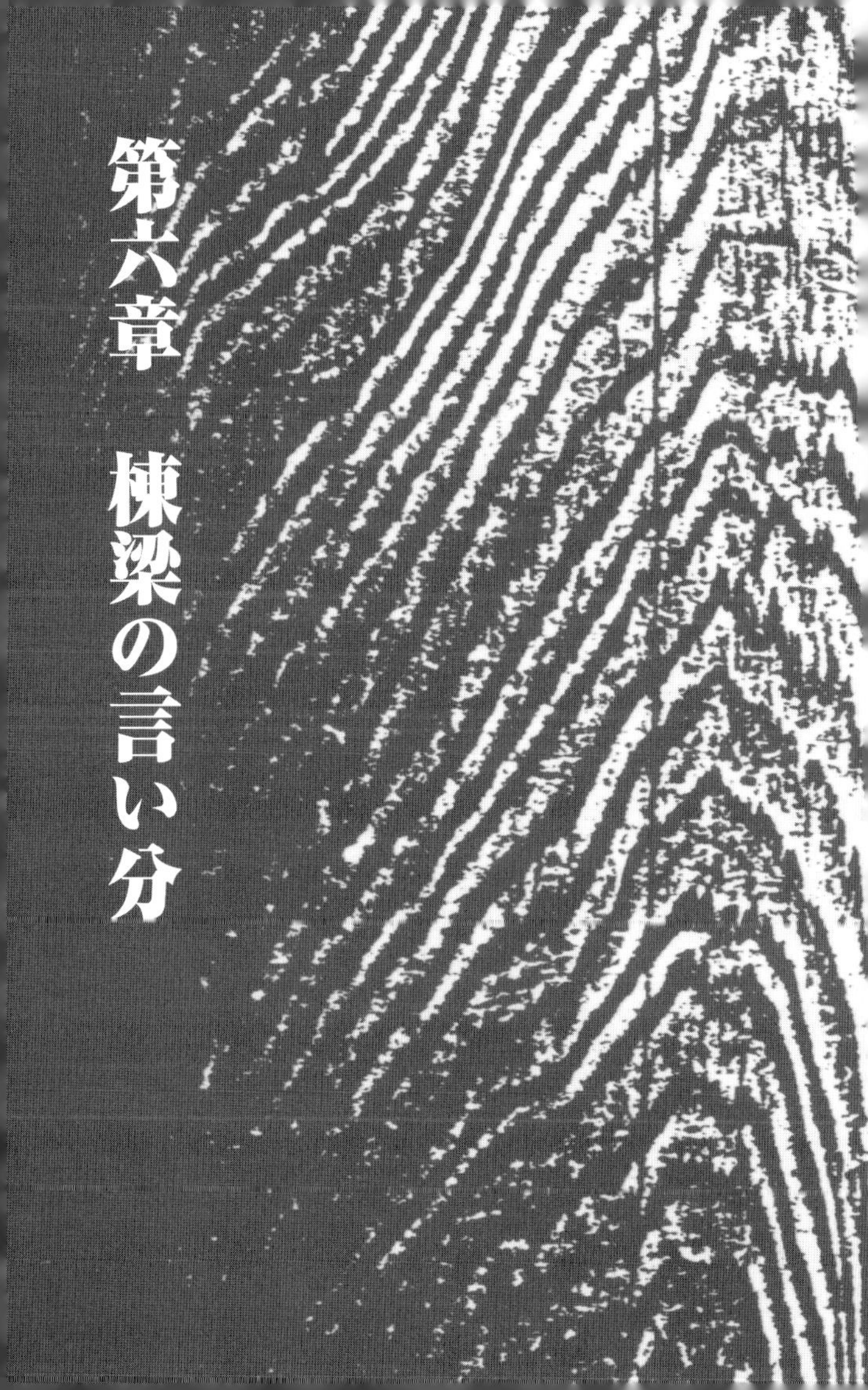

第六章　棟梁の言い分

いろんなこと話しましたな。修業中のことや、ほかの頭領との仕事の仕方のことも言いましたが、一個の建造物作るいうのは、なかなか大変なことですわ。

こうこうこうやから、こう作ればいいやないか、とおもうんですが、なかなか簡単にはいきませんのや。

それで論争になるんですわ。ようやりました。そのことを少し話しましょか。人さまとのやり合いですから余り大きな声で言うことではないんですが、どういうふうにして修理や復元がなされているかが、わかりますやろとおもいますからな。

法隆寺の金堂の屋根のことですが、これが創建時は〝錣《しころ》ぶき〟になっていたんやという学説ですけども、これは創建時もそうやなかったとわたしの調査でわかったんです。ところが学者は、そうやない、玉虫厨子《たまむしのずし》と同じ錣ぶきやったはずだと言うんです。

玉虫厨子は錣ぶきという形の屋根なんです。学者がいうのは〝様式論〟なんですな。玉虫厨子のような反りのはずだと言うんですが、玉虫厨子は工芸品で、小さいからどないにでもなるんです。建築というのは軒が立つというと大きな桁《けた》がずんと下に入ってますから、そんな反りはできませんのや。

仕事の上から言うたら、反りが決まってしまう。それ以外はできません。

大工の仕事からいえば、だからこれやというのを作ってやるのだけれども、それが、

玉虫厨子

ああでもない、もっとそこを反らせろとか言うんですな。実際の作業するもんから言わせたら、そんなことできませんのや。

ですからお寺で会議してもわからん、現場に来てください。それでわたしのやることを見てくれ。現場で組みあげて見せて、こうしかならん。

「これでも鉦ぶきだと言われますか」

と言いましたら、誰も何にも言わずに帰ってしまわれた。大工に負けるのがかなわんさかいな。

しかし、すぐには納得いかないでしょうな。長い間、研究してきたでしょうし、人にも話してきたんでしょうから。そうした研究も、様式や形にこだわったものなんです。ですから、論争になると血相をかえますわ。こっちは、あわてません。向こうが怒るんですわ。

血相変えたほうが負けですわ。こういうときは。わたしは、これが真実で、どうしても曲げられんというものを、ちゃんとつかんでますから、あわてませんし、どんな学者が何人かかってきても、これより変えられん、という自信がありますさかいなあ、あわてませんよ。ですから、学者の間では法隆寺には西岡常一という鬼がおると、言われているんです。

こうした論争いうのは、正式な記録には残りませんな。記録係もそういうことは、うまいこと記録しますさかい法隆寺の解体・修理の復興委員会の委員たちの、しかも学者が一人の棟梁にこきおろされた、というようなことは記録に書けませんわなあ。

実際にやってきたものの強さというのがあるんですな。

昔、おじいさんに言われました。

わたしが農学校に入れられて、そこを卒業し、一年間農業させられて、そして収穫が農民のおじさんより少ないということで、これはどういうことやとおもう、とおじいさんに言われたんです。

それで、わたしはわかりません。学校で習ったとおりに、チッ素、リン酸、カリの肥料配合をうまいことしてやったんや。ところが結果はこういうことやから、わかりませんと言ったんです。そうすると、おじいさんが、

「おまえはな、稲を作りながら、稲とではなく本と話し合いしてたんや。農民のおっさんは本とは一切話はしてないけれど、稲と話し合いしてたんや。農民でも大工でも同じことで、大工は木と話し合いができねば、大工ではない。農民のおっさんは、作っている作物と話し合いできねば農民ではない。よーく心得て、しっかり大工をやれよ」

と言ったんです。木も建物も同じですわ。作りながら話し合って、初めてわかるこというのがあるんです。

金堂の屋根の上は鬼瓦か鴟尾か

形や様式だけからは、わからんこともあるんです。

そういえば、やっぱり法隆寺の金堂のことで論争がありましたな。これは学者同士の論争で、わたしらは巻きぞえをくったんですが。

建築の専門の学者と、考古学者の論争でした。金堂の屋根の上に〝鴟尾《しび》〟をのせるか〝鬼瓦《おにがわら》〟かで争ったんです。修理の前は〝鬼瓦〟でした。建築学者が鴟尾をのせたいと言いまして、考古学者のほうは証拠がないと言うんです。

大工のほうとしては、どちらでもいいんですが、金堂の棟木が折れているんで、もし鴟尾にするのなら棟木を新しくしなければならない。鴟尾は重いですからな。ところが、それが学者同士の論争で決まらないので弱ってしもうて、とにかく鴟尾と鬼瓦の両方を作ったんです。

きっかけは、金堂ではなかったんですが、断片がちょこっと出まして、これが鴟尾やというわけです。一方はそんなものは鴟尾とは言えん、というわけです。ほんまのちょっとした断片やからね、発見されたのは後ろのほうなんですよ。矢がすりみたいになってるんです。

わたしは鴟尾だとおもうてましたな。大講堂では鴟尾が出ているのですから、金堂に鴟尾がなかったらおかしい。格式からいえば金堂が最高のもんでしょう。だから鴟尾をのせると建築学者が言うのは当然ですわ。ですが結局、鬼瓦のままになりました。判断はもっと学問が進んでからにしましょうということです。

このとき作った鴟尾は立派なもんでっせ。今は収蔵庫に置かれてますけどな。復元の元にしたのは、斑鳩《いかるが》の御所といわれる僧院の発掘調査のときに立派なものが出てきたんですよ。その鴟尾のうつむいている首のあたりですがね。そこに唐草模様が彫ってあるんです。それを金堂から出てきた後ろの羽根の形をつけて、首のところは夢殿からでてきた〝飛鳥の唐草模様〟に復元したんです。薬師寺のものよりずっといかめしいもんでっせ。薬師寺のは金箔《きんぱく》が押してありますけど、法隆寺のは瓦のままのせようということです。夢殿から出てきたのも、金堂から出てきたのも瓦です。

この論争が昭和二十八年から二十九年にかけてです。工期が二十九年ときまってい ましたから、わたしらはヤキモキしてました。ところが話が決まらないものだから、棟木が折れたままやってしまったのです。この棟木が大事なものなんですな。高麗《こま》尺《じゃく》で四二尺の一本木。とりはずしてしまったら、置き場に困ってしまいます。もし鴟尾をのせるとなったら難儀でっせ。また、めくって、こすって、補強しなければならない。本当のこと言いますと、鬼瓦と決まったのでやれやれとおもいました。しかし、このときの鴟尾は今のお金で一五〇万円ぐらいでしょうが、そういうのがみんなわたしらにシワ寄せがくるんです。予算は同じですからな。

　この論争をわたしも聞いてましたが、アホらしいなってきました。建築学者と考古学者が、いろいろと証拠とり出して、朝鮮ではああだし、中国ではこうやと言い合うんです。それを聞いていた委員長が怒って、言いましたな。

「ここは大学の研究室とは違うんや。実際に金堂は今やっている現場やから、現場に相応した話をしてください。先生方の研究の発表のしあいは、研究室へ帰ってから大学でしてくれ」

　と言ったんです。それで決まりましたんや。

　けれど、このとき鴟尾に反対した人が亡くなったから、またあれのせようという話が出てきてますな。

　そうなると棟木にホゾを切って、鉄骨で補強してからということになりますな。本当は鉄骨を入れずに、棟木を取り替えたいんやが、寸法が飛鳥の高麗尺にぴしゃっと合ってますから、なんとか残すということになってるんです。

法隆寺の論争はそれで最後でしたね。塔はわたしが責任者じゃなかったんですが、ここでも論争がありましたんや。初重の屋根を作って二重を組むんですが〝飛鳥の軒の反り〟が決まりませんのや。親父の従兄《いとこ》が棟梁で、わたしの弟が副棟梁だったんですが、住生しましたで。

学者というのは、ほんまに仕事という面から言うたら、どうにもならんもんでっせ。わたしは一度言うてやったことあります。

「飛鳥時代には学者はおりません。大工がみんなやったんやないか。その大工の伝統をわれわれがふまえているのだから、われわれのやってることは間違いないとおもってください」

そしたら、誰も返事しよらんかったな。

法隆寺の壁画は法隆寺に残せ

論争をずいぶんしてきましたな。でも根拠のないことを意地で言い続けたわけではないんでっせ。大工の立場からの考えを言いましたし、木を活かすには、これしかないということを言ってきたんです。

ほかの人はあんまり文句言いませんのや。わたしばっかりですな。

昭和二十三年の法隆寺の塔のときでもそうでっせ。親父も黙っておりましたし、従兄も棟梁でありながら一言もしゃべりませんでした。大工の中で学者に文句言うやつは誰もおらん、わしだけや。言うたら損やから何も言わんのや。

わたし一人ですな。そやから〝法隆寺の鬼〟やと言うとるんでしょ。文部省では、法隆寺には西岡常一という鬼がおると言ってるんですな。国を相手にけんかしましたからな。

本当はわたしが当事者じゃなかったんですが、そういう破目になったんですな。法隆寺で火を出した後のことや。法隆寺の壁画を上野の博物館に持っていくという話がおきました。お寺と国との話ですわ。当時は佐伯定胤《さえきじょういん》さんが管長やった。その佐伯さんがわたしを呼んで、「国のほうは壁画を上野の博物館へ持っていこうと言うとる。法隆寺館というのを別に作って、そこへ陳列するという。だけど法隆寺から壁画を、抜き取られてしまったら法隆寺が法隆寺ではなくなる。鎌倉時代の前から壁画を保存してきたんだ。なんとか止めてもらえんものかいな」という話や。わたしは、はあ、さよか、ほなまかしておきなはれ、と言ったんですな。交渉の相手の人に会うて、あの壁画は、法隆寺の本尊さまみたいなもんや。だから持っていったらいかん、と言ったんです。佐伯定胤管長さんも悲しんでいるさかい、持っていかんでくれと言ったら、

「きさま、国の方針に手向かうのか」

と言うんですな。

それでわたしは、国の方針であろうが天下の方針であろうが、法隆寺は法隆寺の立場がある。われわれは法隆寺の大工やさかいに法隆寺に味方する。

よし、持っていくなら持っていってみろ。あんたの首をノコギリで切ってしまうぞ、と言ってやりました。その時分は大工が五〇何人おったんですが、みんな集めて何としても持っていかせんようにすると言ってがんばったんです。それで、あれを残すことできましたし、壁画を納めておく収蔵庫が特別に作られました。

あの当時で五〇〇〇万円でっせ。

でも管長さんも強くは言えんのですわ。管長は自分の寺の壁画を、自分が管長の時代に焼いてしまったということで、「持っていってくれるな」と大きい声で言えませんのや。「おまえのところが焼いたから、こういうことになってきたのや」と言いよ

りますからね。それで、結局わたしに頼んだんですな。

向こうも、ずいぶん乱暴な話やとおもったでしょうが、そんなことで法隆寺に壁画が残っておりますのや。ときにはそういう無茶なことを言わんと道理が通りませんのや。

お寺の味方ばっかりしておったわけでもないんでっせ。お寺の言い分がおかしいときは反対したり、説得もしました。

そのひとつに、法隆寺では発掘調査が行われてましたが、お寺は素人の考えで、発掘調査をやめてもらってくれということをよう言いましたわ。

なんでや、と言うたら、「折角一千年もかけて固まった地面を、掘りかえして柔らかくすることは、いかんこっちゃからやめてくれ」ということを言われました。

そのたびに、わたしはお寺へ説得に行きました。発掘調査というものは地面を柔らこうするためにするんやない。

その地下に当初からのものがある。それを今のこの時点で調べておかねば、もう調べられない。そういうことで調べるんやから、あんまり反対しなさんな。掘りかえして、柔らかくなった所はコンクリートや鉄筋などを入れて元以上に強くするんやから、と言って説得しましたが、お寺は塔・金堂のときは断じていろうてくれなかった。

だから、塔・金堂はさわらずじまいでした。しかし、あれでっせ、発掘でお寺が喜んだこともあるんでっせ。東院の伝法堂や礼堂の下から発掘された旧斑鳩《いかるが》の御所のときです。聖徳太子時代の御所の跡が出てきましたんや。それでお寺はいっぺんに喜んどったのや。聖徳太子がな、実際にお住まいになっていた斑鳩の御所の基礎が出てきたと言うたら喜んでな「そうけ」と言って、それからは発掘のことは言わんようになってしまいましたわ。

この発掘も、みんなわれわれがやりました。今は研究所で発掘をやっていますが、これが地山だとか、これは盛土《もりつち》やとか、いや、これは焼土《やけつち》とかいうのは、みんなわたしが最初に分類したんです。これも農学校へ行ったおかげや。土がようわかるさかい、これは横目や。これは縦目やと判断するんです。土にも縦目や横目とかあるんですわ。土を別のところから持ってきて放り込んだら、縦や横や渦のようになってる。なんぼ固くてもそういうのは盛土や。こういうことを調べて記録していくんですわ。こういうんで、今の研究所の発掘の基本的なものは、わたしが拵《こしら》えたものです。

作業員を指導しましてな、その辺に柱があるさかい気をつけて掘れ、というような具合にするんですわ。

こうして記録をとります。よく聞かれますが、「こうした記録を元にして、古い時代の設計図を作るのか」って。違うんですな。一応そういうものを作りますが、それはあくまでも推定で、結局柱の間がどれくらいだということしかわからないんですな。上のほうが草葺《くさぶ》きであったかどうかは、わからんわけです。ですから、こうした記録からだけでは正確な設計図なんて作れませんのや。記録にとどめるだけですわ。

復元するときは、こうした調査や発掘した建物にある痕跡《こんせき》との両方で伝法堂がどうだったか、簀《す》の縁台が飛び出していたのかというようなことを判断するんですな。

そうした例でおもしろいのは、現在の東大門ですな。東大門は東を向いていますが、昔の番付《ばんづ》けを見ると、あれは南面の門だったんですわ。番付けというのは、これはどこそこの柱、どこそこの柱という目印ですな。柱に直接ではないけれど柱の近辺に書き込んであるんです。南向きの東の端とか、南面西の端というふうに書いてあるわけです。

そのとおりに組むと、今は東を向いているけれども、元は南を向いていたことがわかるんです。こういうふうに学者に説明しますと、「それはそうですが……」ぐらいですんでしまいますな。納得しません。

学者を納得させせようとおもったら、この門は現在東を向いているが、元は南向きだ。そして、ここにあったというところを見せんといかん。ここにあったという場所をちゃんと発掘して、ここにこの門がありました。と言うことです。そうすると学者はとり上げる。ただ、南向きだったというくらいでは、「ああ、そうかもしれん」と言うだけや。

作った大工の立場から、建物を研究するという学者がおりませんからな。

法輪寺の大論争——鉄を使うか使わないか

私が初めて棟梁として、全てをやったのが法輪寺です。初め親父が設計をやっていましたが、わたしが福山での仕事を終えて帰ってきたんですな。法輪寺はそれを機会に、親父に「あなたはもう八〇何歳で年だから、息子の常一にやってもらいたいとおもうけど、どうだろう」と話したんですな。親父は「それで結構です」と言ったので、わたしの所に来たのです。そのとき「親父さんが設計してくれていたのだけれども、もう一遍確かめてくれ」と言われまして、確かめましたらぎょうさん具合の悪い所があって、やっぱりくそ親父はあかんな、とおもいましたで。

親父は親父で「常一のやることはわたしは一切知りません」ということでのぞきにも来ませんでした。ふつうやったら、心配でもしとるやろうとおもいますでしょうが、むしろ反対に、しくじりおったらおもしろいとおもっておったのと違いますか。しくじって親父さん来てくれと、泣きごと言いに来たらおもしろいでぐらいにおもっとったでしょ。職人は底のほうでは根性が悪いんです。親子ででもそうでっせ。これが昭和四十三年のことです。

この法輪寺のことでも大論争をやったんです。この論争は新聞にも掲載されました。この法輪寺の設計は竹島さんという学者で、施行がわたしということになっていました。設計も実際にはこっちでしたんですけれども。

論争になったのは、ここの三重塔を復元するのに、鉄を使うか使わないかということです。

わたしは、ヒノキ造りはヒノキ造りでいい。全部、ヒノキの純粋木造にするといいましたが、竹島さんは、将来のことや台風とか地震が来たときに倒れないように、鉄骨で補強するという考えですわな。

とにかく学者というのは、鉄というものを非常に強いとおもっていますさかいな。鉄を信用しているわけです。なかなかお互い納得しませんな。

設計者でもある竹島卓一さんと、施行者であるわたしの意見が、どうしても合わんもんやから、お寺は困ってしもうて、委員会を作ったんです。

法輪寺・三重塔

鈴木嘉吉《かきち》さん（建築史）や、坪井清足《きよたり》さん（考古学）の二人を入れまして、竹島さん、わたしの四人で論争したわけです。法輪寺の座敷でやりました。竹島先生なんか、頭から湯気出して怒ったものです。それでも、そのときの話は本当にええ話だったな。お互いに、塔を長くもたせたいという考えは同じなんですな。しかし、やり方がまるで違う。竹島さんが言うのは、ひとつは、今後は古代建築がわかる人がいなくなってしまう。今は西岡さんがいるんで解体修理ができるけれども、今後はそうした技術をもった人がいなくなってしまう。だから、この後勉強すれば誰でもわかる江戸建築にしようと言うんですな。それともうひとつが、鉄を使うか使わないかゆうことですわ。

わたしは、飛鳥建築の復元やないか、それを江戸の未熟な技術で作ってどないするのや、と言いました、それに飛鳥の建築もそんなむずかしいもんやない。今が学問で一番だとおもうからいかんのや。むずかしいとかわからんことがあるかもしれんがこれからももっと勉強すれば、わかるようになると言いました。

鉄のことはこうですわ。法隆寺は千三百年たって、材料が弱ったから材を入れ換えたんや。別に鉄骨を入れなくてももつのだけれども、補強のために入れたんや。ここのはまだ新品だから鉄骨の補強の必要はない。あんた、できたての赤子に、この子は手が弱いからと鉄骨をいれなはるか、と言うてやりました。それと同じこっちゃと言うのや。年とってきて弱って、だめになったとき補強したらよろしい。ヒノキというのはそんなものやない。

鉄いうても、昔の飛鳥のときのように蹈鞴《たたら》を踏んで、砂鉄から作った和鉄なら千年でも大丈夫だけれども、溶鉱炉から積み出したような鉄はあかんというのです。法隆寺の解体修理のときには飛鳥の釘《くぎ》、慶長の釘、元禄の釘と出てきますが、古い時代のものはたたき直して使えるが、時代が新しくなるとあかん。今の鉄はどうかというと、五寸釘の頭など十年もたつとなくなってしまう。今の鉄なんてそんなもんでっせ。

こんな話をしましたら、竹島さん怒り出しまして「あなたは学問を信用せんのか」と言うんです。わたしは、信用しません、今の学問は信用しません。われわれの伝統が、千二百～千三百年来の法隆寺を支えてきたんや。そうした工法こそ信用するが、今の学者たちの学問は信用しません。だいいち建築学者と、あなたたちはおもうてはるけれども、建築学者ではありませんで。例えば、西洋建築を鉄筋コンクリートでやっている人が、セメントの力はこれだけ鉄筋をそこへ補強して入れて、梁《はり》をもたせる。みんな計算をしなさったことがあるか。あるいは、スギはどうやというところを、学問で調べたことがありますか。ここらの材料のことになると、学問が材料に及びませんやないか。あとはみんな、大工任せではありませんか、と言ってやったんです。

学者の人たちにヒノキの持つ力を計算できるか、それもわからんで鉄のほうがヒノキより強い、なんてこと言うなというわけです。ヒノキの耐用年数は二千年、鉄の耐用年数は百年でっせ。

ついでに余計なことも言いましたな。

「仕事をしているのは、伝統の技法を伝承しているわしらや。それなのに学者が、大工の上にすわっているというような顔しなはんな」

なんて言いましたで。

「大工の言うとおりにすれば、それでいいんや。飛鳥建築でも、白鳳建築でも、天平の建築でも学者がしたのと違う。みんな大工が、達人がしたんや。我々は達人ではないけれども、達人の伝統ふまえてやっているのだから間違いないのや。いらん知恵出して、ヘンなことしたら、かえってヒノキの命を弱めるのだから、やめてくれなはれ」

と、言ったもんだから、さあ怒るわ。

あまり言うもんですから、坪井先生とか委員で座っていた鈴木先生も、よう賛成しませんねん。結局、ものわかれです。誰も意見言わんのですわ。

それで、帰りに鈴木嘉吉先生と同じ車で帰りました。車に乗ってから鈴木先生が言うんですわ。

「わたしは西岡さんの意見に賛成や」

公式の席で言うてくれたらいいもんを車の中ですもんな。

結局、結論の出ないまま進行したんです。もっとも、わたしは結論が、鉄骨を入れるということになっても、入れる気はありませんでした。

竹島先生が言うとおりに、鉄骨入れておったら、実際のところ塔がとても組めませんわな。塔の部材を犠牲にして、鉄骨入れるんやから。だから、竹島先生が鉄骨入れようという所は、設計者としての顔を立てて入れるけれど、お寺の結論としては、最小限にしようということでした。

竹島先生は月に一回しか見に来ませんよ。こっちは仕事せなならんから、入れならん所でも入れずにやるわけや。そのほうがいいんですから。

そして、頭の部分だけ削って、そこに鉄をくっつけておくんですわ。これでわかりませんわ。できてしまえば、見えないんです。

今、病気で伏せておられますけど、結局知らずじまいだったでしょうな。

大論争いうても、ひらたく言えば大ゲンカですな。向こうは学問というものを信用しきっていて、塔の命を伸ばそうという考えだし、こっちはそんな学問を信用せず、昔からの工法と技法で全ヒノキ造りにして塔の命を伸ばそうとしている。自然の恵みの、ヒノキの命のままが一番やとおもってるのや。

どっちも目的は同じで、敵同士ではないわけだから、塔ができてしまうとそれでしまいでした。

鉄が使うてないということを、よう知らんから、今でも使うてあるとおもっているでしょうな。

法輪寺の住職は知ってました。もちろん大工たちは知ってます。わたしが論争してるのも知ってます。ですから、竹島先生が見に来て困るようなときは、さっとテント着せてしまいますのや。

そういえば、その大工たちのことで竹島先生が怒ったことがありました。

わたしは竹島先生に会えばあいさつします。

「おはようございます」

って。ところが大工たちは知らん顔しているのや。そしたら竹島先生が怒りましてな、わたしがそういうふうにせいと言うてるようにおもったんやな。

「けしからん、設計者が来ているのにあいさつもせん」

と言いましてな。わたしは、してますでと答えましたけどな。

これが、今から十三年前の事ですわ。

論争の結論の出ないまま、昭和五十年に法輪寺の塔ができました。

わたしは今でもおもってます。いらんこと言う人がおらなんだら、もっといいもんができたのにって。

次の論争が薬師寺ですわ。これも大いに論争しましたな。しかし、このときの論争も本当に復元しようという学問的な良識の話でした。

論争はしたほうがいいんです。

黙って、お互いに心におもったままやってたら、決まりませんからな。

学者は、朝鮮や中国の例を出してきまして、いろいろ証明しようとするんです。わたしはそうではなしに、薬師寺は薬師寺として考えなければいかんという考えです。学問そのものが様式論ですから、学者はいろんな様式を系図的に並べてきます。わたしは仕事の上から、大工の側から言うわけですわ。

常にもめるのは、ヒノキの強さのことですわ。学者たちはヒノキをそんなに強いとおもっておらんのですな。法隆寺や薬師寺東塔が、千三百年保っているという現実をどう考えておられるのかな。

しかし、今は、在来の木造建築技法を見直そうという気配があります。方々でヒノキは強いと言って歩きますので、建設省でも、今の近代的工法ではなしに、木造建築の在来工法を、もう一度考え直そう、という考えがあるらしいですわ。でも、ヒノキの強さを調べていくというのはむずかしいですな。学問になりませんでしょ。山によって木の質が違うし、環境によってヒノキの癖が違います。

鉄なら八幡の鉄、富士製鉄のはこうだ、川崎製鉄のはこうだと言えますが、ヒノキはそういきませんからな。

学問にしたら莫大《ばくだい》なものになりまっしゃろ。吉野のヒノキでも、こっち向いた山と、和歌山県側と、野迫川《のせ》のほうとでは違いますから、そういうことを皆調べないかん。こういうことは建築学ではわからんさかい、困りまっしゃろ。

土質学、植物学、植物生理学、環境のことなど、皆わからななりませんから。

そういう意味でいうと、人間は偉いもんでっせ。カンでわかるんですな。

コンピューターでわからんで、カンピューターならわかるんですからな。

薬師寺でも、鉄を入れる入れないでもめましたが、わたしは学者が入れる言うなら入れなさいと言いました。

鉄を入れても、わたしのほうで木だけでもつようにしておきましょ。そう考えることにしたんです。もうケンカせんねん。したかて、あかんわ。

鉄骨入れなくてもちゃんともつ。せやから入れなきゃいかんゆうなら勝手に入れなはれと。鉄を入れても遊んでいる鉄骨がぎょうさんありまっせ。

金堂ではコンクリートの箱を、木造で囲うような形になりましたが、三蔵院は、わたしのおもうままにさせてもらいましたので、モメませんでしたな。

それにしても、論争した学者の人たちは、皆わたしより年上でしたが、論争していても、「なるほど」とおもって感心したことはありませんでしたな。ほかのことはどうかわかりませんが、木造建築に関してはそうでしたな。

学者もなかなか納得しませんで。

法隆寺東院、礼堂の復元のときに、古釘跡に注目するということを言いましたが、たまたま、そうなったんだということを言うわけです。

建築の場合、継手ならこちらと隣を取り替えてもピシャリと合うんです。

それが木造の仕事で、大工が釘を打つときは、どこでも同じじゃないんです。釘は大工が自由に打ってるんです。フシがあればよけて打ちますし、自分の位置によって、垂直に入ったり、斜めに入ったりするんです。

「ですから釘の跡というのは大事なんです」

と言うても、「そうか」とは言わんのや。そやけど、今は調査するのに皆わたしが言ったとおりの方法使ってます。ガラス板に釘跡を写して飛鳥の跡、藤原の跡があるなら、この部分は藤原のときに初めてここに入れた部材やなとわかるわけですな。

大工だから考えられる方法ですし、大工なら誰でもわかることでっせ。それでも学者は、こういうことにはなかなか納得せんもんですわ。飛鳥の工人たちは、千三百年もたって、こんなことで論争するなんておもってもみなかったやろな。だいいち、千年ももつなんておもっておらんかったやろな。

わたしが一人前の口をきいて、もの言いますのも、法隆寺の解体・修理に参加したからですわ。昭和九年から二十九年までの二十年間が、丁度勉強ざかりの歳だったんです。この時期にわたしが子供でもあかんし、歳とってってもあかんのですわ。二十年間、勉強させてもろうたんです。いい勉強になりましたで。

大学どころじゃない、大大学に行かせてもろうたようなもんです。

もし、法隆寺の解体・修理をずっとやっておかなかったら、塔を作れ堂をやれと言われても「はいはい」とは言えませんわ。自信がないでしょうからな。法隆寺の伽藍が、わたしという者を育ててくれましたんや。

宮大工の技法は受け継ぐことができるだろうか

　堂や塔を作る技術を人に教えられるかって、よく聞かれますけど、なかなか難しいもんでっせ。

　学問と違うから、実際に塔や堂にあたらんとわからんでしょうな。

　木の強さとかクセを見抜かないけませんが、これは人に教わっておぼえられるもんやないですからな。

　学者の人たちにこれがわかれば、論争しないですむんですけどな。こればっかりは、建築物にひとつひとつあたって初めてわかることですからな。

　たとえば、前に釘の跡で、どの時代の材かを見きわめる話をしましたが、本当は木を見ただけで、これは元禄、これは慶長、これは鎌倉ということがだいたいわかりますのや。釘跡はその証明や。木の風化具合い見たらわかります。何十年も法隆寺の木見てたら、それぐらいは判断できます。

　しかし、建築学者は形や様式みたいなもんはよーけ勉強してますので、わかりますが、ここは鎌倉に修理したもんでっせゆうても「どうしてだ」ということになるんです。

　それで、ああだ、こうだという話になってしまうんですわ。

建築学が、実際の建物を作ることに重点を置くんじゃなく、様式論で話を進めようとするからですわ。

しかし、これからは、本当の建築というもんに根をおろした学問というのを作っておかんと、文化財の修理なんかできんようになってしまいまっせ。

地方の寺なんかでも、形だけは昔の様式ですけど、そばへ寄っていくと全部コンクリートでっせ。この間も兵庫県の豊岡で仁王さんの入っている楼門を頼まれて新築したんです。その落慶法要で呼ばれて行ったのですが、本堂はコンクリートでっせ。山門は純粋の木造で、立派にできてみんな喜んでるけど、本堂があれではいけませんで。

まだ十年や二十年は台湾のヒノキがありますけど、値段が高くなるし、山がだんだん浅くなって材質が落ちていくでしょ。そしたら材そのものがなくなってしまいますから、コンクリートの寺が増えまっしゃろな。

もし、木があったとしても、わたしは台湾へ行って、これとあれといって引き抜いてくるけど、ほかの人が行っても、そんなことできまへんがな。どの木がええか、悪いかわからへんのやから。

昔から、わたしらは「木を買わずに山を買え」と言うことがあって、伐採されてから見たのではあきまへんのや。木は立っているうちに見ないとあかんのです。

台湾へ行ったら、樹齢二千年の木がずっと生えているわけです。その中から、あの木、この木とより分けます。それはどこに基点を置くかといったら、二千年の樹齢がありながら若々しい葉の色をしているのは、あきません、中が空洞に決まってますわ。二千年の正しい木は、二千年相応の葉の色をしています。葉の色が渋いものが、中は詰まっているんです。そういう木は決まって、大きな幹があって枝が出ていますが、青々とした木に限って、枝がうつむいているんですな。黄ばんだ渋い色の葉は、いったん上を向いて出て、それから下にさがるんです。

中が空洞だと上にあがった枝が重いから耐えられんのですわ、それで下を向いてしまうわけや。

そうやって見分けていきますのや。

こういうことを台湾の業者に話しましたら、びっくりして、日本人で今まで山へ入って、そういうこと言うた人は初めてやと言ってました。

材木業者もいいかげんなものや。伐採されてから、買うてきよるだけだからね。

立っている木見ないことには、木のねじれの性質がわからんのや。その土地ごとに、風の吹く方向が違っているし、その風によって木のねじれの性質が出てくるし、立っているのが南斜面か北かでも違ってくる。

とにかく木を扱うというのは、その地方地方によって山の土質が違うし、環境も違うから、ひとすじなわではいかんのです。

こういうことを建築の学者さんたちに申し上げても、聞きませんな。大工が何を言うとるか、いうようなもんや。

木はみんな同じだとおもってるんですな。

そこへもってきて、鉄は強くて、ヒノキは弱いという先入観があるんですわ。これがなかなかなくなりませんのや。

飛鳥時代のような鉄でしたら強いでっせ。千年はもちますな。

法隆寺の飛鳥時代の部材から釘抜きまっしゃろ、抜くときゆがみますが、このゆがみさえ直せば、飛鳥の釘はまた使えますのや。今まで千三百年もってますねん。

これから、まだ千年もちまっしゃろな。こんな鉄やったら、ヒノキの命とあまり変わらんとおもいます。

そりゃ見た目は、外側は銹《さ》びてますよ。だけど、日本刀を作るのと同じに、何回も打って折り返して釘にしてますのや。顕微鏡で見れば何千枚という層があって、切って見ると目があるわけです。この層は薄いもんです。

仮に、最初の層が百年もって次のものが出てきて、また百年もつ、次のがまた百年もっというように、だんだん細くなっていくけれども腐らない。それが今の鉄は溶鉱炉からにゅーっと出すだけでしょ。そうせんと、製鉄屋さんも昔みたいなものを考えると、まだまだいい鉄ができるでしょ。溶鉱炉から出すときに、五本も十本も一緒に出して、それを一本にまとめてつぶしていったら、もっと強い鉄ができるとおもいますよ。鉄作る人も、こういうこと考えんといかんですな。

わたしは大工ですから木とか釘とかについて、使う側からおもうわけです。同じようなことを学者たちが論争しますし、瓦屋は瓦の件で、論争するんです。瓦屋もよう勉強してまっせ。白鳳の瓦はこうだ、飛鳥の瓦はこうだということを、よう知ってます。

棟梁の側から言いますと、単価が高くても、いいものを作ってもらいたいというのが注文です。瓦一枚でも市販のものの三倍ぐらいはしますな。

昔の瓦は低温で長時間焼いてあるんです。それに天日乾燥でしょう。

今は熱風乾燥します。だから、本当に芯まで乾いてないのや。表面だけがサット乾くだけなのに乾いたことにして窯に入れてますから、中に水分を含んでいて、どんどん熱があがってくると、中で蒸気ができるわけです。それがみんな穴になって残るんですな。

昔は天日乾燥で、本当に乾き切るまで何日も乾かして、それから窯に入れますでしょ。焼成するのに今のように燃料がガスとか電気がありませんので、一回に何千度というわけにはいきません。

結局、陶器や磁器を焼くのと一緒で、ぼちぼち、ぼちぼち薪《まき》を放り込んで熱を上げていくわけです。

だから表面も中心も同じように焼けているわけです。今は表面だけでっしゃろ。

結局、低温で長時間焼いたものは、鉄でも瓦でも上等ですわ。昔だったら松炭しかありませんさかい、それでぼちぼちつぎ込んで、温度をあげていって溶かすのでしょう。長い時間かかりますわな。その時間を短こうして、大量に作り出そうというのが現在ですわ。この大量生産方式が、質が一番落ちる根本です。

形がよくて、安ければいいということですからな。

形だけで、安ければいいというのは、堂や塔だけではなく、民家でも同じです。昔はよけいにかかったというのが自慢でした。ところが、このごろは同じような言うんでも、「おれの所は一五〇〇万円でできた」と言ったら「おう、安うでけたな」とみんな感心しよる。昔だったらお金をたくさん使《つこ》うて作ったら「元を入れたな」と感心しよったのだけれども、今は反対で安いのが自慢ですわ。

住宅も使い捨てです。自分一代だけがもてばいいということです。

そのことでずいぶん、みなさんは損をしてますな。天然資源としての、木材の無駄使いですな。

こうやって、いろいろ文句を言ってますが、これも難儀なことでっせ。年が寄って、口だけが達者だけで、手が動かんというやつが一番大変です。

作ってみせるということができないのですからな。

そやから、現場全体の能率はどんどんさがってます。

もし、金堂やってた時分やったら、大斗《だいと》なら大斗を、こういうふうにみんなが見ているところで作って見せて、「さあ、みなさんこうやりなさい」と言えるでしょ。

棟梁が二時間でやりよったら、みんなが二時間でやらないかんということになって、目安があるわけや。

今は、口先で、「もうちょうと、按配《あんばい》削っておけや」というような調子だから、なんぼでも時間がかかっとるわな。

昔から「して見せて、手伝うて、させて誉《ほ》めてやらんと人はせんぞや」と言うのやからな。自分で作って見せて、手伝うてやって「ここはこうしたほうがいい」「ああしたほうがいい」と言って作らせてやらないと、人はせんというのやな。

こうやって、いろんな人がわたしの所でおぼえていったけど、これだけで、堂や塔を作れる人が育つわけではおませんのや。

こうした仕事が続けば、みなおぼえるけれども、法隆寺の金堂なら金堂が終わったら、みんな工務店の仕事をやって、学校であろうが倉庫であろうがやらなあきませんな。そうなると堂や塔のことは忘れてしまう。

「あんたら法隆寺の金堂やったさかい、今度も手伝うてくれんか」言うたかて、「いや、西岡さん、そっくり忘れてしもうてあきまへんわ」と言う。

やるという自信がおまへんわな。

しかし、大工というのはみんな、どこか自分をうまく見せたい所というのがあるんですな。

みんな、「おれが、おれが」とおもってまっせ。

それでも技術ゆうのはむずかしいものやありません。勉強すればできるもんです。ただ木を活かして、堂や塔を作るとなると簡単にはいきませんな。そんなわけで、とにかく、伽藍だけ全部設計しておこうとおもってます。お寺で「あんた死ぬまでにみんなしとけ」と言われてますさかい。

あの図面を描いた帳面さえ残しておけば、わたしがおらなければ初めから調べていって、こういう考えでこれができてるな、その次にはこういう考えでこれができた、ということがわかりまっしゃろ。

しかし、これは図面だけです。材料を選んだ注意書きがあるわけじゃないんですな。こういうことは書いておいてもしようがないんです。実際に扱うものでないとわかりませんしな。

木は自分で呼吸をし、日本の自然の中で生きている

とにかく木というものは、自分で呼吸しておるんです。乾燥しておれば木は縮みますし、湿気のあるときには、それ以上湿気を中に通さないんですな。こうすることで中のものを守るんです。

湿気を吸収して木が太りますと、中に湿気がいきません。

木にはそういう利点があるんです。

そういう木のよさが忘れられていくのは残念ですな。そしてコンクリートが増えていくんでっしゃろな。

コンクリートは三十年がいいところでっせ。コンクリートも、うちようによっては百年ももつらしいんですけどな。

なるべく水分の少ないコンクリートを使えばいいです。ところが、水分の少ないのは業者がみな嫌いますのや。

マク板にぴしゃっと入りませんのでな。積み込んで、叩いてやらないといかんのです。ところが、軟らかな水分の多いのを入れると、ぴたっとくるんですな。

そうしたほうが表面がきれいなんですな。ところが、そうしたコンクリートは弱い。

日本の建築物で一番の敵は湿気なんですな。木造では湿気がくるとシロアリがすぐつくんです。乾燥しているとシロアリはようきませんな。

しかし、この湿気のある国だからこそ、また木の寿命というのが生きてくるんですな。乾燥し過ぎておりますと木の耐用年数が短くなってしまうんですな。ある程度の湿気が木には必要なんです。そやから、日本の建築は、日本で育った木が一番よろしいんや。

今ごろは、アメリカやカナダから木持ってきてますけど、はたして何年もつかは疑わしいですな。

日本人は敏感ですから、木の肌や木のにおいにも気を配るんですな。

アメリカやカナダのヒバという木はヒノキに負けないぐらい丈夫な木ですが、色が黄色いんですな。日本のヒノキのほうがちょっと桜色で赤味がある。ヒノキはいいにおいがするけど、ヒバは泥くさい。日本人はこういうことにも敏感に反応して、ヒノキを選んできたんですな。

こうした木の文化というのが、木材資源がなくなれば当然のうなって、、、しまいます。その資源が日本ではなくなってきているんですから考えないけませんな。

第七章　宮大工の心構えと口伝

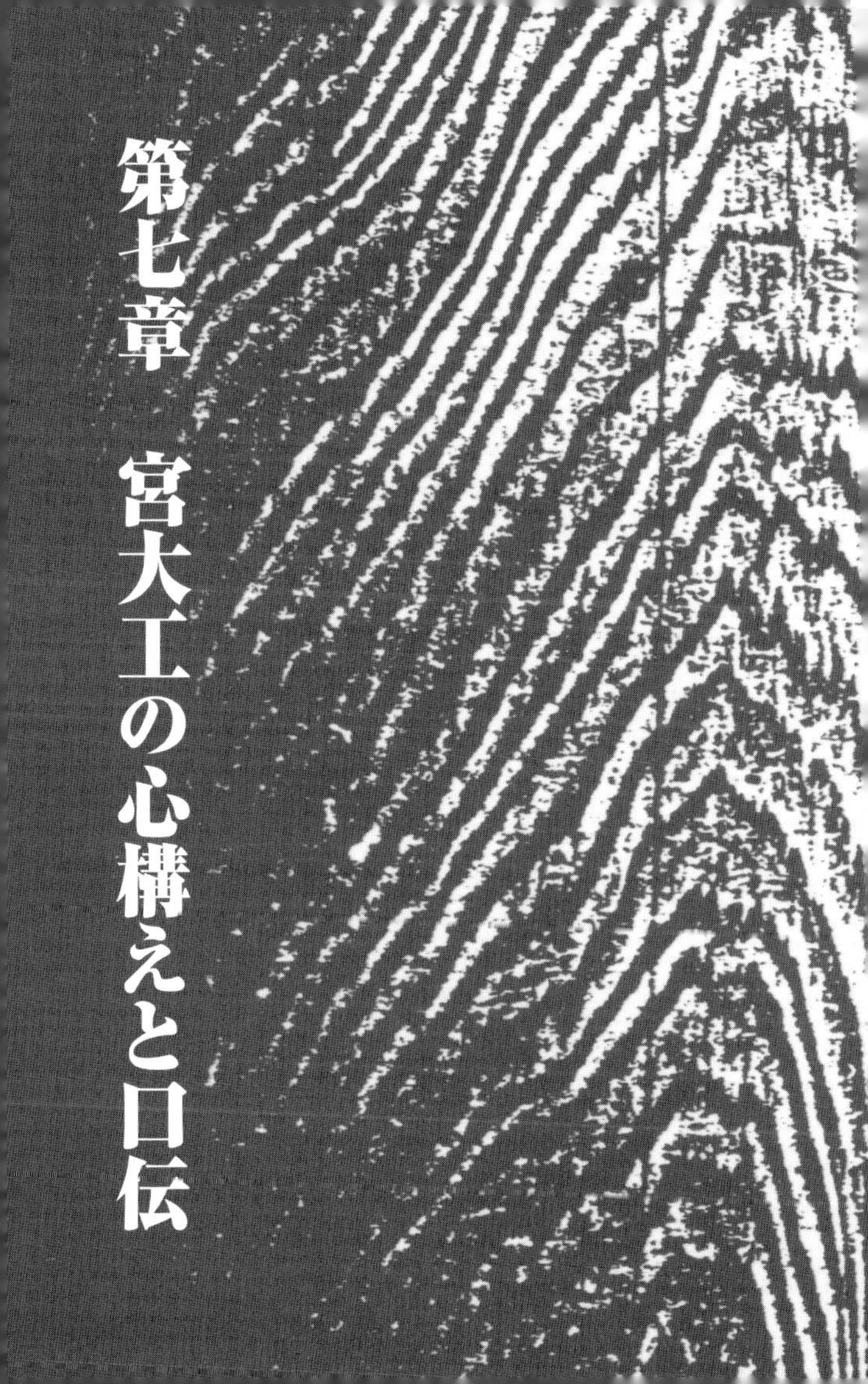

日本には仰山《ぎょうさん》木造建築がありますな。そうした建築物の修理をしてる人や新しく堂や塔を作ってる人も仰山おります。しかしですな、みんな技術者ですのや。技能者がおりませんのや。

仕事をする人がおらん。

技術者というのは学校からどんどん出てきますでしょう。だから仰山おりますのや。これは設計する人もそうです。設計する人は育てられるが設計したものを本当に建物にしてしまう人がおらんのや。

大工がおらん。これは、今はとても育てられん。

指導者がおらんわけじゃない。前にも話しましたが、育てても仕事がないからですわ。

仮に、わたしが弟子連れてくるとしますでしょう。そうしたら金堂が終わって塔が始まるまで一年間仕事がないでしょう。塔が終わって、まだ三蔵院が始まるまで二〜三年ありまっしゃろ。その間弟子置いておいたら、タダメシ食わさななならんもんな。

国が建築物を再建していくゆうたら、少しは仕事が増えるかもしらんけど、再建はしません、現在あるものを修理するだけですわ。

これでは、技能者は育ちません。

技能者がおらんということは、結局後がないということですな。

薬師寺の伽藍《がらん》ができあがるのが、昭和の最後の建造物かもしれません。いつまで昭和が続くかわかりませんけどな……。

地方に行ったらどうか、いう人がおりますけど、地方の建造物は時代がずっと新しくなりますからな。

わたしも福山の草戸明王院の五重塔やりましたが、これは南北朝のものや。できてから、二～三回行きましたけど、なかなかおもったとおりにはいかんもんですわ。福山のは材料がマツばっかりでした。

この間、補修しましたけどそのときはヒノキを使いました。南北朝のころには、もういいヒノキ材がなかったんとちがいますか。次から次に伐採されて、今のようにトラックで木曾から運ぶというわけじゃないから……周辺にはもうヒノキがなくて、マツしかなかったんでしょうな。

しかし、材もない、技能者もいないとなったからゆうて、全然解体・修理ができないというわけでもありませんで。そんなむずかしいことじゃありません。わたしのように本式の古い伝統、木の命と人間の知恵の組み合わせということをふまえてやろうと考えている者と、今、形さえできればいいという考え方とずいぶん違いますが、形だけなら受け継いでいけます。そのかわり新しいものは作りだせません。まねごとで終わってしまうわけや。

こうなると時代が進んでも、しようないようなもんやな。

とにかく法隆寺の伽藍はいいもんですわ。薬師寺もだいたい同じ頃できたんです。しかも、こちらは天下の費用でしたんやけど、法隆寺は聖徳太子の一族やら郎党が寄り集まって作った寺でしょう。それでもいいんですな。そやから、聖徳太子ちゅう人はよっぽど偉い人でね、『日本書紀』を見ても太子が死んで村々では、親は子を失うように、子は親を失うたように泣いたというふうなことが書いてありますがな。こんなふうに書いてあるのは聖徳太子の項だけです。天皇が死んでもそんなことは書いていませんわ。太子はよっぽど慕われたんですな。そうやって慕われて、作られた法隆寺は、お金のためにやる仕事とずいぶん違いますな。

聖徳太子が斑鳩《いかるが》寺を建てられたのは、仏教信仰というよりも、文化施設ということで作っておられますでしょう。人材を養成する場所としての伽藍でしょう。薬師寺のほうは、自分の中宮の病気を治すための伽藍ですわな。

伽藍に立ち向かう心構えが全然違うわけですな。御利益を求めて薬師寺を作るということでしたからな。

「今は大工が育たん」と語る西岡棟梁

法隆寺のほうは、信仰は半分、大陸の文化施設に負けないという使命がありますな。今、わたしは薬師寺をやってますが、わたしの薬師寺に対する考えは、東塔の上にある水煙《すいえん》にあります。

天人が舞い降りてくる姿を描いてありますが、天の浄土をこの地上に移そうという考えですな。設計の基本の心構えはそれですわ。

天の浄土をもう一遍再現するんやちゅうことです。できれば、ここに来る人に、そういうことを感じてもらいたいとおもってるんですが、そううまくはいかんやろな。

なぜかゆうたら、薬師寺見に来て、

「これはコンクリートや」と言う人さえおるんやから……。

仏教伽藍の中心をなすのは、大講堂である

こうした建造物を作るには、仏教を信ずるという心がないとできませんな。近頃、日本人には宗教心がない言われてますが、どうなりますかな。

仏教はキリスト教やイスラム教とはちがいますわね。

仏教は自分自身が仏様である。それを知らんだけだと。神も仏もみんな自分の心の

中にあるちゅうことを言うてるんですわ。ほかの宗教は、神様は人間界を離れた上にあると考えている。

そこが違うんやね。

そうしたことが忘れられてしまったんや。法隆寺にしろ、薬師寺にしろ過去に対する尊敬の礼拝の場所です。

法隆寺では大講堂が一番大きいでっしゃろ。薬師寺でもそうだったんです。

この大講堂から生きた仏教が生まれていくんですな。新しい仏教が。

そういう意味では、大講堂がなければ、そんな伽藍は伽藍とは言えません。

また、大講堂ができても、ちゃんと説教できる人がおらな困ります。

とにかく、仏教は慈悲心ということを言いますわね。慈悲心は母親が自分の子供をおもう心、これが慈悲心やと言われてますわ。

仏教はその慈悲心を自分の子供だけではなしに、生きとし生けるものに及ぼそうという考えですわな。これが世界に広まれば平和いうこと言わんでも、世界が本当に平和になりますわ。おもいやりですわ。

ソ連はアメリカの立場をおもいやり、アメリカはソ連の立場を考えておもってあげる。そうすれば平和になりまんがな。今のは何せ、懐にピストル入れておいて、ポケットに弾仰山いれておいて、「お前何発持ってる？　俺は五発や」「俺は六発や」言い合ってますのや。それでいて、原子戦争をもしやれば地球は破滅や、ということをよう知っているんでっせ。本当にそれ理解しているんやったら、ポケットの弾もピストルも、なんでテーブルの上にみんな出してしまって、「やめときましょう」と言わんかいうんや。

結局疑心暗鬼なのや。

御利益ばかり願う宗教はウソや。利益というのはひとつの方便ですわ。

本当の仏教というものは、自分が如来であり、菩薩《ぼさつ》であるちゅうということに到達する。それが仏教ですわな。

それは文字を通して考えていくやり方もあるし、死ぬほど自分の体を苦しめて、そこから悟りを開く、いろいろ方法はありますわな。いずれにしても、自分の体の中に仏があるちゅうことを見つけ出す。これが悟りと言われてるんですわな。そういう意味でも、仏教がどんなものか、人というのはどんなものかを説く大講堂は大事な所なんです。

それが時代が進んでくるに従って変わってきたんですな。

飛鳥・白鳳の建造物は国を仏国土にしようというんでやっているんですわ。

それが藤原以後になりますと、自分の権威のために伽藍を作るんですな。庶民のことは考えず、自分たちの権威を「自分のほうが上だ」と言って建てたんです。仏教と国のためおもっての建造物は、聖武天皇の東大寺が最後でしょうな。その東大寺やったためにに国が疲弊したと言われてますがな……東大寺でも現世利益的考えが六分までありますわ。

時代とともに、技術も心も退化したんです。日本人の木に対する考え方は、しっかりしたもんでした。土のこと、自然のこと、それをどう活かすか、よう知ってましたわ。

とにかく千年せんと使える木ができませんのや。それを考えたら、何のために、木をどう活かすか、使う心構えというものをしっかりせんといかんのですが……どうなりまっしゃろな。

古代建築は、日本の風土を考えて作られている

近頃、ログ・ハウスとかゆう西洋風丸太小屋が流行《はや》ってるらしいですな。ときどき、そのこと聞かれます。そのこと少し話しましょか。

西洋の人の木に対する考え方と日本人とではずいぶん違います。日本はまず木そのものを楽しむということがありますな。

ログ・ハウスやらと日本の家屋の違いは、柱をたてて建物を作るかどうかいうことです。

柱をたててやるというのは技術が要るわな。丸木を積んでいくというのはやっぱり素人的な考えやな。

積んで建てるというのは、そうむずかしいもんやない。

とにかく、材料が豊富にあるんでしょうな。積んでいくいうのは、まあ頑丈ですな。木を横に使う技術が日本にもないわけじゃないんでっせ。正倉院があります。あれは日本の風土気候というものを考えた、立派なもんでっせ。

外国からもときどきお客さんが見えていろいろ聞きますが、なんちゅうても一番おどろくのが、軒が深くて屋根面積が平面に対して非常に大きいが、どうやって、それをもたしてるのかいうことです。

しかも全てが木で、ようできるなということですが、西洋の人には、ヒノキの強さや性質いうのがわからんでしょうな。

建築用としての木になじみがない。

レンガとかコンクリートはよう知ってるでしょうが、木はそうじゃないでしょ。西洋の木をいじる大工というのは、日本でいうと建具屋ですわ。レンガ作りの建物の内装を木でやる、そういうことでしょうな。建築物を全部木でするということがないからな。

中国でもそうでっせ。

中国の人が見に来て、これやったら中国のほうが立派やとおもうかもしれませんが、中国のは建物の広さの割りに屋根が小さい。総じていえばズングリムックリです。軒の深さもない。技術的に見たら、日本のほうがずっとむずかしい。

法隆寺は、日本の気候に合わせて作られたどこにも負けない立派なもんでっせ。

ときどき図面もって、これでいいか見てくれといって来る人があります。

これは図面を見たら、いいか悪いかすぐわかりますな。図面で不安定な建物、これはだめですわ。図面のうちからガッシリしたものじゃないとね。

まず大事なのは柱ですな。

今の建築は柱が細いですわ。経済的なこともあるんでしょうが、五寸角と二尺の円柱では一六倍も違いますからな。

設計の段階でも、今の人は耐用年数というのを考えませんさかい。

何百年もたそうなんて考えない。今さえ検査通して、明日こけてもええっちゅうことですから。耐用年数というのは木の使い方ひとつですわ。使い方が悪ければ、建物はもちません。

木の使い方というのは、ひとつの山の木でもってひとつのものを作る。これが原則ですわ。

木の生えている場所を考えて、その性質を見抜かなあきません。

我々はそういうのを木の心と呼んでます。こういうことを忘れてしまって、建物を寸法だけで作ったら、どうにもなりませんで。

山をけずって、コンクリートの建物に住んで、自然を破壊ばかりしてるとしっぺ返しがきまっせ。

明治以来、西洋のまねをするということで、レンガもまともにないのに木造で西洋館を作ってみたりしてますが、屋根の軒反りがなく、軒の出が少ない。そういう建物はあきませんのや。湿気が多く、雨降りの多い日本ではあんなことしたらあきまへんわな。

本質を知らずに、形だけを追い求めるのを文化だと、勘違いしてる人が仰山おりますからな。

自然というものをきちんと考えなくてはいけませんな。

土ばかりでなしに、水も、空気も、太陽も必要です。なんでもそうでっせ。植物の種でも、太陽にさらしていたら芽が出ませんわな。土に埋めて水をやって初めて芽が出るんですわ。

こういうことをふまえておかんと、魂の入ってないものしか作れませんわな。形だけまねしておっては、自分のものというのはできません。

今の人は、物まねをしてすぐに芸術家になりたがる。ちょっと人と変わったもん作ったら、自分は芸術家だと言いますわな。昔は芸術家みたいのはおまへんで。みんな職人でんな。

職人の中で達した人が、後世になって芸術家と言われるんで、生きているうちに芸術家と言われる人はおらんわ。

好きな絵描きや写真家は誰ですかって聞かれますが、そういう人はおりません。西洋の建物の写真もほとんど見ません。なぜか言うたら、あれは目の毒ですわ。

明治時代の大工でも、西洋の建築を見ることが知識を増すことや、とおもって一所懸命とりいれた。そのために日本の建築がダメになってしまった。そやから日本人は、日本の建築やろうおもうたら、西洋のもんは見んかてよろしい。そういう考えや。とにかく明治以来、追いつけ追いこせできたもんやから、それで自分の文化というものの本質を知らんと、みんな捨ててしまったでしょ。一度捨てたらなかなか戻りませんで。

明治以来、学問のすすめで、西洋の文物をとり入れて、それをマスターした人が偉い人やということでしょ。それで学問的には、ええんやけどね、ほかの思想的なものもみんな受け取っているわけや。イギリスやフランスは植民地作って、重労働は植民地に押しつけて、自分らは大名暮らしをする。日本もそのまねをして大東亜戦争をやったわけでしょ。その夢が今は破れたんやからね、もう目をさまして飛鳥の時代に帰らないかんですわ。

それで終戦直後に、聖徳太子のデザインがお札にのったんです。飛鳥に帰るべきやというので聖徳太子にしたんです。それが又、変わって明治維新の〝学問のすすめ〟やろ。

終戦のときの政府の要人の考え方ちゅうものは正しかったとおもいますよ。

資本主義と婦人の方々へ、ひとこと苦言を

資本主義も結構やけどね、日本の資本主義というやつは、飽くなき利潤追求ですわ。適正な利潤追求ではない。そうやって利益あげた人が成功者と言われるんでしょう。日本中が金もうけのことばっかりや。その結果が世界からエコノミック・アニマルと言われる。そやから、もうちょっと適性な利潤を追求するように改めないけませんな。飽くなき利潤追求ということは、みんな押し倒してしまうということやからね。

男女同権ということもそうです。

「千早振《ぶ》る瑞穂の国は神代より、女ならでは世の明けぬ国」ということがありますのや。これは〝カカア天下〟であれということと違いまっせ。男というものは現世に生きるために、また社会人としての責任を果たすために、一所懸命ですわな。

そやから少々間違ったこともあるわね。行き過ぎも、至らんこともありますわな。それを家庭でじっと見ていて、自分の子供に、そういう悪いところだけは取り除いて、良識を植えつけていく。これが女性の仕事ですがな。

そうせんと次の世代は今よりも悪くなります。

わたしは講演頼まれるといつもご婦人たちに言いますのや。あんたがた男女同権どころやない。男は現世を生きるために一所懸命やる。次の世代を生きるためには、あんたがた婦人がしっかりと子供を養育せんと日本はつぶれてしまうのやと。男女同権やゆうて、親父さんが三〇万円月給取ったら、私も五万円取ってもうけたろ言うて、アルバイトに行って、子供はほったらかし、成績悪いのは学校の先生の教え方が悪いのだと、こうやっちゃ無責任ですわ。

女の人の役割りというのは、現世的なもんやないんです。ただラクをするとかトクをするとかだけ考えてたらあきません。

男は現世を生きていくために、自分の家庭を守るため、又社会人としての責任も果たさなならん。それだけで精いっぱいですがな。

次の世代のこと考えている暇がないですわな。ご婦人というは家庭におって、男の人の後ろ姿を見て、あれが悪いこれが悪い、これだけ取りのけて、子供に良識を植えつけていく。そうせんと次の世代は開きませんわ。

二一世紀、二一世紀と言うけど、本の一ページをめくるのと一緒でんがな。必ず前のページがあって、次がありますのや。今は、前のページの続きでっしゃろ。

二一世紀を迎えるためには、今から改めな。そうせないい二一世紀は来ませんわ。

宮大工に伝わる口伝

えらい長いこと話してきましたな。

いろんなこと話しましたんで、もう話すことも、あまりありませんわ。

最後ですから、棟梁の家に伝わる家訓のこと話しましょ。だいたい一〇か条ほどありますのやが、これはわたしの家に伝わるんじゃのうて、法隆寺の大工に伝わるもんです。

法隆寺の棟梁がずっと受け継いできたもんです。

文字にして伝えるんではなく、口伝《くでん》です。文字に書かしませんのや。

一〇〇人の大工の中から、この人こそ棟梁になれる人、腕前といい、人柄といい、この人こそ棟梁の資格があるという人にだけ、口をもって伝えます。

文章にすると今の学校教育と一緒や。みな丸暗記してしまうと、試験しよったらみな一〇〇点でっしゃろ。それではちっともわかっていない。丸暗記しているだけで。そういうのはいかんちゅうんで、本当にこの人こそという人にだけ、口をもって伝える。それで口伝や。

わたしは、おじいさんに教わりました。おじいさんが死ぬ一年前に教えてくれました。口伝があるちゅうのは知っていましたが、どんなものかは知らんかった。

仕事が終わって、晩帰ってから棟梁の心がけちゅうなことをいろいろ教わるときに、最後に口伝を教わりました。

どんなむずかしいもんやろかとおもってましたが、あほみたいなもんや。なんでもない当然なことやわ。

皇太子殿下にお話したときに、その口伝ちゅうものはいつの時代からあるのかって質問されたんやけど、弱ったがな。そんなのいつからあるのかわからへんもの。

いや、わたしがおじいさんから聞いて、そのおじいさんがまたおじいさんから聞いて、そのおじいさんも昔から代々伝わってきたんで、年代はわかりまへん。と、こうお答えしました。

おじいさんから口伝を教わるときは父親も一緒でした。家庭では父親やけど、仕事場では互いにライバルでしたからな。

「おまえみたいなもんに負けるかいな」ちゅう調子でしたな。

口伝を聞くときは、正座して、黙って聞くんです。一回しか言わんのです。二回はしゃべりません。

それで十日ほどたってから試験しましたな。

「口伝、おまえちょっと言うてみい」

それは書いておかんとわからんわね。わたしがうろおぼえのを言いますと、

塔組み 木の癖組み 人の心組み
常一

「塔組みは木の癖組み、人の心組み」西岡さんが常に書かれる言葉

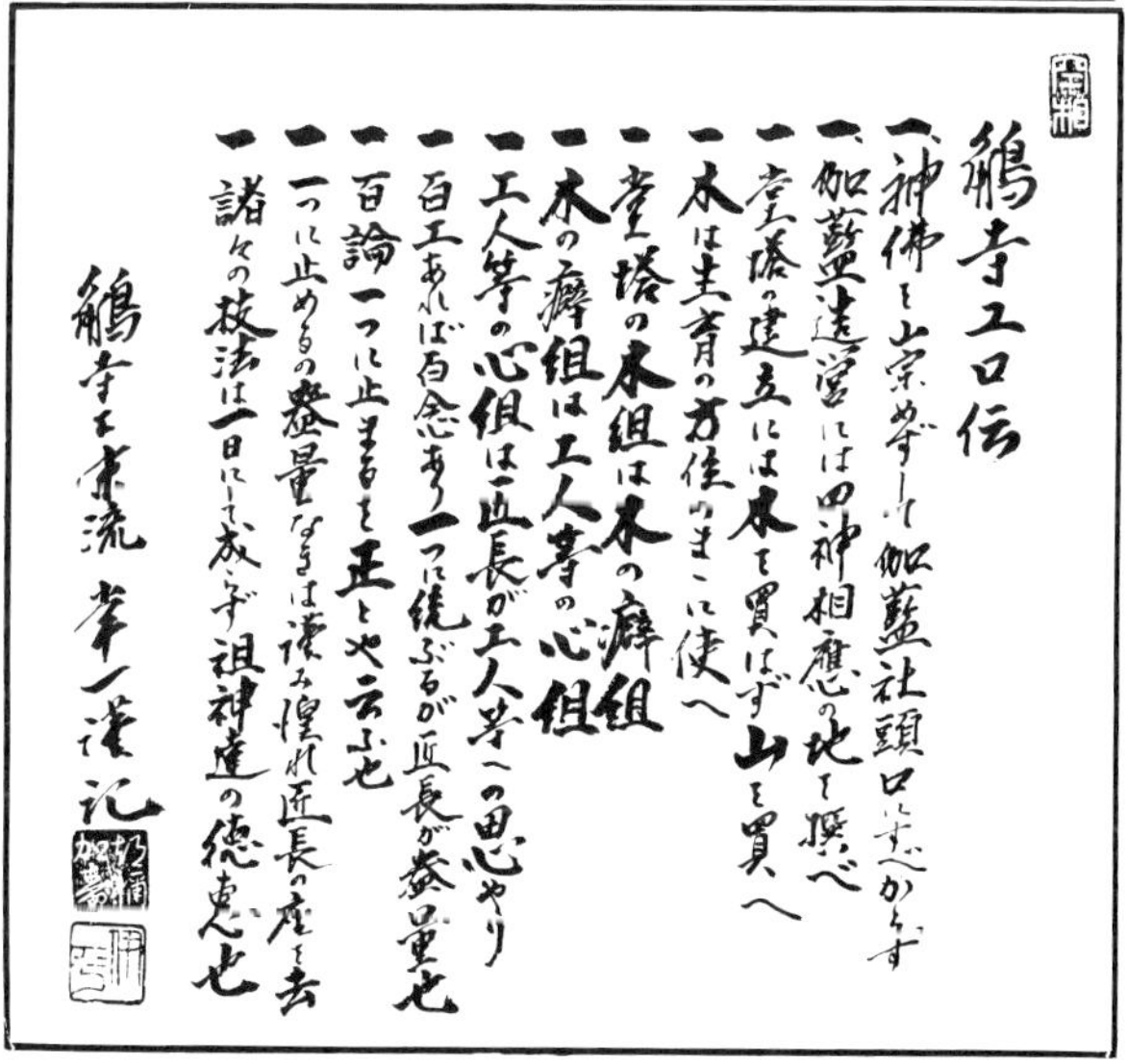
鵤寺工口伝
一、神佛を崇めずして伽藍社頭を口にすべからず
一、伽藍造営には四神相応の地を撰べ
一、堂塔の建立には木を買はず山を買へ
一、木は生育の方位のままに使へ
一、堂塔の木組は木の癖組
一、木の癖組は工人等の心組
一、工人等の心組は匠長が工人等への思やり
一、百工あれば百念あり 一つに統ぶるが匠長が器量也
一、百論一つに止まるを正とや云ふ也
一、一つに止めるの器量なきは謹み惧れ匠長の座を去れ
一、諸々の技法は一日にして成らず 祖神達の徳恵也
鵤寺工末流 常一謹記

法隆寺の棟梁に伝わる口伝を、西岡さんに記してもらったもの

「違う、違う」

と言いますのや。どういうふうに違うということ一切言わない。

「違う、まちごうている」

だけや。そうすると、又思い出して、内緒で書いておかないかんわな。それを暗記して、次のときに言うたら、

「ああ、そのとおりや。しっかりと頭にたたきこんでおけ」

そんなことでしたな。なかなか、おじいさんは厳しいおましたで。

行儀・作法もやかましゅうて、あぐらかくちゅうことさせませんしね。座るといったら正座ですわ。そして、目上の人にもの言うときには、顔を見たらいかん。胸を見て言えとか、そういうことやかましい言いましたわ。

そうやって教わった口伝は次のようなもんでした。

まず第一番は、

『神仏を崇《あが》めずして伽藍社頭を口にすべからず』

仏や神様を知らずに、ただ形の伽藍とか神社とかを口にするのはいかん、こういうことです。

二番目は、

『伽藍造営には四神相応の地を選べ』

東が青竜、南が朱雀《しゅじゃく》、西が白虎《びゃっこ》、北が玄武《げんぶ》という、前にもこのことは話しましたな。四つの神に守られた場所に伽藍は建てなければならんということです。

次は、

『住む人の心を離れ住居なし』

建築しようという人の心を離れて、建物を作ってはいかんということですな。建築家が自分のええ具合のことをして、遊ばしてもらおうというのではいかんといましめているのですな。住む人の心を組み入れたもんじゃないと、家とは言えんとこういうことです。

次は、

『堂塔の建立には木を買わず山を買え』

これも前に話しましたが、ひとつの山で生えた木をもってひとつの塔を作る、堂を作るちゅうことや。木曾の木や吉野の木やら四国の木を、まぜてはならんということですわ。木というのは土質によって木の質が違うし、育つ環境によって木の癖がある。木を買おうとするなら、山の環境を見て、木を買えということですわ。

同じような口伝に、

『堂塔の木組は木の癖組』

木には癖があります。その癖は環境によって生まれるんですな。いつも同じ方向から風が吹く所に生えている木は、その風に対抗するように働く力が生じてます。それを木の癖と言うているわけや。その癖を上手に組めというこっちゃ。右ねじれと左ねじれを組み合わせれば、部材同士が組み合わさって、動かんわけでしょ。右ねじれと右ねじれを組んだら、ぎゅーっと塔が、回っていくっちゅうことや。

『木の癖組は工人等の心組』というのもあります。

これは棟梁一人が木の癖を組むということがわかっても、棟梁一人で全部するわけやないから、五〇人の大工がおったら五〇人の人に、わたしの考えをわかってもらわないかんちゅうことや。これが工人の心組みですわ。

続いて、『工人等の心組は匠長が工人等へのおもいやり』というのがあります。

工人の心を組むにはどうしたらええかっちゅうことは、棟梁が工人へのおもいやりがなくてはいかんということです。こいつは言うことききかんからあかん。これでは職人が集まりませんさかいな。どんな人でも受け入れて、そしておもいやりちゅうのは、この人は至らん人やけれども、三年の間に立派な宮大工に仕立ててあげましょう。そういう心をもって接してやらんと心はかよわんちゅうことや。仏教でいう慈悲心みたいなもんでしょうな、おもいやりというのは。自分の子をおもう親の心やな。

『百工あれば百念あり』『ひとつにする器量のない者は、自分の不徳を知って、棟梁の座を去れ』というのもあります。

百人の職人の心をひとつにまとめんものは、自分の不徳の致すところやとおもって、つつしんで自分の座を去れと言ってるんですな。

最後は、

『諸々の技法は一日にして成らず、祖神達の徳恵なり』

さまざまな技法、癖組みとか山の土質を知るとかいうことがありますが、それは一日でできるものではない。神代からずっと体験を積んだ結果こうなったんやから、自分がそれをマスターしたからというて、自分が偉いんではない。遠い祖先からの恩恵を受けているんやから、祖先を敬えということですな。それとここでいう技法は技術とはちがいまっせ。

技術というもんは、自然の法則を人間の力で征服しようちゅうものですわな。わたしらの言うのは、技術やなしに技法ですわ。自然の生命の法則のまま活かして使うという考え方や。だから技術といわず技法というんや。

家訓いうてもこんなもんでっせ。

わたしは、この口伝をまだ人に伝えてないんです。後に託す人がおらんからじゃなくて、今の時代、なんでも金の時代でっしゃろ。損をしたらとか、破産みたいなこと考えたら、こんな理想的なことは実際やっていられんわね。

この口伝を守りとおしたら、わたしみたいな〝偏屈〟になってしまう。日本一の宮大工やいう人もおるけど、アホと違うかいうのが本当や。村の人はわたしを大偏屈やおもうてるもの。

近所の人でもね、偉い人やとおもうていまへんで、だいぶ偏屈やというふうにおもうている。

昔からそうでっせ。朝でも起きて法隆寺の仕事場行くのに、昨日はあそこまでやって、きょうはこれからここまでやってと、思案していますやろ。そしたら「おはよう」って近所の人が言うてくれても耳に入らないわ。知らん顔して行きまっしゃろ。

別にこの世の中の毀誉褒貶《きよほうへん》を一切意に介しないで、自分の信念を貫きとおしたいと、こうおもうているだけや。

おじいさんが言ったのは、とにかく生きとし生けるものは自然の分身やと。木であろうが草であろうが、皆自然の分身や。その自然ちゅうもんは空気も水も太陽の光もあるけど、土がなければ育たない。土を知らんと本当の大工にはなれへんというのやな。そやから、農学校にほおりこまれたんや。わたしは農学校なんか行きとうなかった。工業高校のほうがええとおもうていた。そやから一年牛の成績は悪うおましたで。

なんで肥かつぎせんならんねんとおもうものな。実習で肥かつぎもあるし、ブタ飼いもある、ニワトリ飼いもあるでしょ。果樹園の整理やとかね。果樹園の整理しても、桃や柿作ったら皆食べて、先生に見つかって叱《しか》られてましたで。学校にいて学ぼうという気がなかったもの。

二年目からですわ。自分で三〇坪くらいの畑をわたされ、作りたいもの作れって言われましてな。わたしはキュウリ作ったんや。ようなってな、割当ての肥料ごまかして倍もってくる。ようなるわな。こうなるとおもしろいんです。それまで土いじりなんてしませんでしょ。種を植える、芽が出る、肥料を施す、花が咲く、実がなる、その過程がおもしろうなってきてね。

おじいさんが言う話のとおりに土は命の親やなとおもうわな。自然が大切やと、自然が基礎やということ体でおぼえましたからな。

こんな話、今の職人に言うてもわかりませんわ。なにゆうてるんやいうところでしょ。技術さえおぼえたら、今の人は独立しますわな。若いうらに独立しますやろ。確かに独立するのも早いですし、へ理屈をおぼえるのも早いですわ。そやけど本当の仕事をしようちゅう気はありませんな。これしたらなんぼちゅう、それが先ですわ。

わたしらが考えるのは本当のものを作ろうということが先で、お金のことは二番目三番目ですわ。

それと、技術も技法も実際にやっておぼえるもんです。数を踏まんとおぼえられません。法隆寺の修理・解体という大事業にあたって初めて、わかったことがたくさんありますのや。

解体してみて、初めてこういうことかということを知ったんです。医学でいう解剖学と一緒ですわ。それをほとんどすべての時代のものをやった。

これからはそういう機会がありませんな。二百〜三百年後にならんとありませんな。今の法隆寺の修理したやつは二百年くらいはもちますわ。二百年しないと解体・修理は回ってきまへんわ。

棟梁みたいなもんはわたしで終わりですわ。

だいたい法隆寺の棟梁の家というのを見てきますと、二代か三代でやめていきますわ。三代目になると、ボンクラしかできないちゅうことやとおもいまっせ。子供の時分から棟梁の息子ちゅうので、周囲からも職人からも持ち上げられて、勉強ひとつせんと親の威光で暮らしてきて、親がなくなったらボカーンと落ちるんですわな。

それでもなんでっせ。建てるものがなくても、飛鳥の技法みたいなものはなく、なりません。

今の電子工業のようなむずかしいもんと違いますさかいな。自然というものを理解さえすれば誰でもできますわ。

大工が千年の木を使えば、千年もたせなならんちゅうことも自然な考えですし、千年たったときには千年の木が育ってんといかんというのも道理ですわ。

そういうことを考えていけばいいんです。えらい長い間、わたしの話聞いてもらいましてありがとうございます。これで一応しまいにさせてもらいます。

おおきに。

「わたしを育ててくれたのは法隆寺です。ここの全てを見せてもらって、堂や塔の良さ、美しさを教わったんですわ」――法隆寺を背に語る西岡棟梁

あとがき

鵤之郷大工
西岡　常一

田舎大工の口から出放題の戯言《たわごと》を、『BE－PAL』誌上に区切りよく連載して下さった白井康介さん、今また、その連載を一冊の本にお纏《まと》め下さった石塚郁雄さん、其の他のスタッフの皆々様に深く御礼申し上げげます。

学者への不用意な放言も、〝歯に衣《きぬ》を着せて〟上手にお纏め下さったことに感心いたします。私は、学問を軽んずるような心は毛頭もっておりませんが、よく考えてみて下さい。科学知識は日進月歩で、今日の正論は明日の正論では有り得ないのではないでしょうか。今日をもって千年後の建築の命を証明出来ないのではないかとおもいます。千年どころか、明日をも律し得ないのが科学知識の大気予報やありまへんか。

それはなんでかと言うたら、科学はまだまだ未完成やからだっしゃろ。未完成の今日を科学で総てを律しようと考えがちなのが、学者さん方やおまへんやろか。科学知識のない我々工人の言い分にも耳を傾けるような学者さんこそ、本当の学者やとおもいまんな。

私どもの、仕事に対する考え方やおもい入れは、神代以来の体験の上に体験を重ねた伝統というものをしっかり踏まえて、仕事に打ちこんでますのやがな。例えば、法隆寺伝統の大工には口伝とゆうものがありますのやが、その中のひとつに「堂塔の木組は寸法で組まずに、木の癖を組め」と言うのがありますけど、どんな建築の本を読んでも、こんな言葉にはお目にかかりまへんな。寸法や形式・様式には詳しいことですが、建物を造営する木の癖に触れた本には、いまだお目にかかっていまへん。それは私の本を読む範囲がせまいのかも知れまへん。浅学のせいでっしゃろな。もっとっと勉強せなあかんとゆうことかいな。

何《いず》れにしても、堂塔伽藍《がらん》を造営するのには、様式や形式に先だって、造営の意義というものがありまんがな。例えば、法隆寺の場合には、英邁《えいまい》限りない聖徳太子が仏法の慈悲をもって国を治めようとなさったんやとおもいますが、多くの仏法者を養成するための道場としての伽藍ですがな。薬師寺もまた、天武・持続の両帝が、仏法興隆治国平天下の大願をもってなされた大伽藍でっせ。仏法の慈悲ゆうたら、母が子をおもう心だっせ。火事や地震やと火急の場合、自分の一身にかえても子を救おうとする、それが慈悲でんがな。

　世のお母さん方、自分の心の内をようよう振り返ってみて下され。ようわかるはずだすが。わからなんだら、法隆寺や薬師寺のような心構えで造営された、魂のこもる寺に、観光でなく心から参拝して祈ってみて下され。仏法こそが、世界を最後に救う法やと感得しますし、慈悲心で国を治めようとなさった太子や天武・持統の魂が、皆様方の心にも宿りまっせ。

　大工の喋ることやないことを喋りましたな。笑ってお許し下さい。

一九八七年十二月

解説

日本の文化に対して今なお強く警告を発している棟梁の言葉

塩野米松

この本の元になった原稿は、アウトドア月刊誌『BE―PAL』(小学館)に一九八五年四月から連載したものである。私が初めて連載の話をしに西岡常一氏のもとへ伺ったのはその年の一月であった。薬師寺の伽藍《がらん》復興が進められていた頃で、復興奉行所は写経道場の裏手にあった。奉行所といかめしい名前であったが、建物は工事現場によく見かけるプレハブ二階建てで、一階が原寸場で二階に設計台や机が置かれていた。二階の入り口近くに小さな応接セットがあり、そこに通された。

宮大工の棟梁となれば、さぞや頑固で言葉の少ない方ではと不安を抱えての訪問であった。棟梁は作務衣の下にネクタイを締めておられた。この姿はずっと一緒で、奉行所での彼自身が決めた制服のようなものであったかもしれない。太い眉に厳しい目、意志の強そうな鼻、がっしりとした体つきは威厳があった。

当時すでに七十六歳であったが、口元を引き締めて話す声には力があった。手紙と電話で大体の話をしておき、聞き書きという形を取ることや、いつから話を聞けるかというようなことを相談に行ったつもりが、簡単な挨拶《あいさつ》の後すぐに西岡棟梁は「ほな始めましょうか」と言い出し、私たちを慌てさせた。

それから一年半にわたる奈良通いが始まり、この応接間が講義の場であり、教室となった。原稿の進め方は、話の内容をすべてテープに録音し、それを起こし、話し言葉に原稿を仕上げ、西岡棟梁のところに送って、修正、確認をしてもらって掲載するというものであった。話していただいた内容はこの本のとおりである。原稿の修正や挿し絵の説明はすべて筆で書かれて送られてきた。西岡棟梁はノートも手紙もはがきもすべて筆で書かれた。

それにしても、当代一の棟梁から個人授業を受けたのだから贅沢な話であった。生い立ちから、ヒノキの話、道具の話へとすすみ、話しただけではわからないだろうからと、木拵《こしら》えの現場から法隆寺、薬師寺を隅々まで案内してもらったのだ。

一本一本の柱や梁、格子や垂木に至るまで指さし、なぞりながらわかりやすく話してくれた。それは、法隆寺大工の心構えや千三百年前の建造物に対して込められた技や熱情、知恵を正しく伝え残したいという棟梁の願いであったのかもしれない。

棟梁自らの寺社案内であり歴史案内であり、古建築案内であった。二度とこうした機会はないだろうと覚悟し、内容はできるだけ忠実に、読者にわかってもらえるように写真を撮り、位置をメモし雑誌に紹介した。

月刊誌の連載は十二回の予定で始めたのだが、おもしろさや奥の深い話に十二回では収まりきれずに二十回に及んだ。この間に編集者は中村昇氏から白井康介氏に代わり、単行本は石塚郁夫氏が担当した。膨大な量の写真は梅田正明さんが最後までつき合って撮ってくれた。彼らの力があってできた本であった。単行本にするときも、簡単な直しはしたが、ほとんど雑誌掲載時のままであった。

今回の文庫本は単行本どおりの写真を使ってあるので、のちに、コンパクトな小学館ライブラリーに判型を変えた際には、お見せできなかった細かな部分がわかるようになっている。うれしいことだ。

一九九五年四月十一日、西岡常一氏は満八十六歳で亡くなった。

この文庫は、ほぼ二十年前の聞き書きであるが、棟梁が語ってくれたヒノキのことや、自然観、木造建造物に関する言葉は今も決して古くはなっていない。むしろ、時代が進むにつれ衰えていくかにさえ思える日本の文化に対して、今なお強く警告を発し続けている。

ただ、本文で棟梁自身が予告されていたとおり、棟梁の亡き後も薬師寺は伽藍復興が進み、この本に収められたときの薬師寺とは大きく変わっている。本文では玄奘《げんじょう》三蔵院《さんぞういん》は絵殿の上棟式までであったが、今は壁画も回廊も揃《そろ》い、平山郁《いく》夫《お》氏の絵も観覧できるようになっている。あのとき「講堂はこの金堂の倍はあるんでっせ」とまだ工事にもかかっていなかった姿を語ってくれたが、その講堂も見事なものができあった。一部だけ復元され、残りは生け垣で模してあった複式回廊も二期工事を終えた。中門の中には仁王像も入った。

そうした事情があるので、この本の中で語られている薬師寺の項は伽藍復興途中の話だと思って読んでほしい。例えば一五八ページから始まる講堂の話や写真は、今の講堂の話ではなく、江戸時代に建てられた講堂の話である。

それにしても薬師寺の伽藍は見事に復興したものだ。初めは東塔しか残っていなかったのだ。それを高田好胤《こういん》さんの唱えた写経運動で資金を調達して金堂を再建した。初め計画になかった西塔の建立を建白したのは西岡棟梁であったという。その建白書を見たいと思って探してもらったのだが見つからなかった。

そこにはどんな情熱がしたためてあったのだろうか。

法隆寺を守る大工として育った西岡常一氏は、昭和の解体修理で力を付け、薬師寺でその技を開花させた。「法隆寺は私の学校です」。西岡氏は常にそう言っていた。そして薬師寺金堂の再建に呼ばれたときには、不安のあった胃の手術をし、万全の姿勢で臨んだのである。彼は学んだ知恵と技のすべてを薬師寺で使い果たすつもりだったと思う。初めの頃の手紙や揮毫《きごう》には鵤《いかるが》寺工西岡常一と記していたのに、最晩年は並列して薬師寺寺工と書くようになっていた。薬師寺伽藍復興に命をかけるつもりでいたのだろう。

複式回廊や講堂のことに関しては、自分の命が足りないが十分準備をしてあるから後の人が引き継いで建ててくれるだろうと話していた。実際にそのとおりになった。『木に学べ』の後に、『木のいのち木のこころ』（草思社）という本を作るのを手伝うために、再度奈良通いが始まり西岡棟梁の最後の聞き書きを行った。棟梁はそのとき既に八十四歳。さすがにその頃には「法隆寺の鬼」と畏《おそ》れられた厳しさはなく、目は優しく、笑顔が多くなっていた。

考えてみれば、それまで彼は鬼でなければならぬ理由が山ほどあったのだ。伝統の建築技法を無視し、理屈や様式にばかりこだわる学者や、ヒノキの強さを認めず鉄を使おうとする研究者、木の性質も知らず木の癖も読めないのに建築にかかわる人たちに、最後の宮大工として論戦を挑み、苦言を呈し、時には自ら実践してみせねばならなかったのだ。その姿勢は家に帰っても崩すことはなかった。少しの綻《ほころ》びも見せてはならぬと自分を律していたのではないだろうか。少しの笑顔も見せなかったと家人たちは言っていた。その厳しい姿勢は、一般向けに話してくれたこの本に色濃く残っていると思っている。

　晩年は弟子にも、孫弟子たちにも、家族にも笑顔を見せていた。入院されたときに暇だから話に来ないかと誘われたことがあった。そのときに奥様が一緒におられた。話が「鬼のような」という話題になったときに、奥様は「本当にそうでした」「一度も優しい言葉なんてなかったです」と言われた。棟梁は「それはすまんだな。感謝してる。ご苦労だったな」と笑顔で言われた。妙な場に立ち会ってしまったと思ったが、ここにきてやっと重荷を下ろされたのかと胸を突かれたのを思い出す。

　こういう言い方はへんだが、西岡棟梁は『木に学べ』を気に入っていた。息子さんにインタビューしたときに「親父から『読んでおけ』と初めて本をもらったのがこの本だった」と言っていた。そんな本作りの手伝いができたことをありがたかったと思うし、改めて文庫本として完全に収録されたことがうれしい。長く読み継がれていくことを西岡棟梁も望んでいるだろう。

二〇〇三年十月

（しおの　よねまつ・作家）

西岡常一氏略年譜

1908年	9月4日、法隆寺棟梁西岡常吉の孫として、父楢光、母つぎとの間に出生。
1915年	斑鳩尋常高等小学校入学。3年ごろから、祖父に夏休み、仕事場で鍛えられる。
1921年	生駒農学校へ入学。ここで学んだ土壌、肥料、林業、家畜等の知識が後、大いに役立つ。
1924年	農学校卒業。祖父を師に、大工見習のかたわら、自家農地一反半を耕す。工具の用法、研ぎ方、諸工人との人間関係を教えこまれ、夜は、棟梁としての心得、口伝などを伝授される。
	営繕大工として認められる。
1928年	兵役。
1929年	予備役。法隆寺末寺、芦垣の宮成福寺庫裏解体修理。
1930年	橿原神宮拝殿新築工事で父の代理棟梁。法隆寺西室修理工事で大工。法隆寺五重塔10分の1学術模型制作。(東京国立博物館蔵)。
1931年	東伏見宮家別邸表唐門副棟梁。
1932年	鞍馬寺本堂増築に参加。法隆寺昭和大修理のための修理設計実測。
1933年	

1934年	結婚。27歳。東院地下遺構での土質鑑別などで力量認められる。東院礼堂解体修理で初めて棟梁となる。
1936年	西院大講堂解体修理、副棟梁。
1939年	東院絵殿、舎利殿、伝法堂解体修理。主として復元調査。
1943年	五重塔解体調査、金堂上層解体。重要部材、仏像を分散疎開。
1945年	五重塔解体部材の復元など。
1949年	金堂全焼。下層を新材で復元など。上層は解体で難を逃れた古材で。棟梁。'50〜'52年肺結核で病臥。
1956年	法隆寺文化財保存事務所の技師代理となる。
1957年	法隆寺東室解体修理復元調査。
1959年	福山市草戸明王院五重塔、本堂表門、書院の解体修理、本坊庫裏屋根替修理。五重塔10分の1模型。沼隈神社能舞台模型制作（東京オリンピック賛助出品）。伯耆大仙寺本尊厨子修理。
1964年	法隆寺塔頭、中院、普門院、宗源寺茶屋、本堂等の営繕と新築。
1965年	奈良文化財研究所による平城京発掘時、東朝集殿の復元模型、京都・平安博物館にて、紫宸殿の原寸模型制作。
	法輪寺三重塔再建工事に着手。暮、小川三夫氏を弟子にする。

1967年	近鉄奈良駅歴史教室のため薬師寺西塔模型制作。
1968年	法輪寺三重塔初重木造り。
1969年	薬師寺金堂の設計と試案模型制作。奈良県文化賞受賞。11月台湾のヒノキを検察。
1970年	薬師寺金堂の設計完了。5月8日起工式。4月と10月台湾へ。
1971年	4月8日、薬師寺金堂立柱式。法輪寺三重塔再着工。12月8日、薬師寺金堂上棟式。
1973年	父子で吉川英治文化賞受賞。4月と9月、西塔の用材検収のため台湾へ。
1974年	7月、薬師寺金堂完成。11月4日、法輪寺三重塔落慶法要。11月8日、紫綬褒章受章。
1975年	4月1日薬師寺金堂落慶。4月15日法要。6月、薬師寺西塔復元再建の設計のために、東塔を精密実測、奈良文化財研究所による西塔跡地下発掘を行なう。
1976年	1月、胃ガンのため入院、手術。2月末退院。1月31日時事文化賞受賞。7月26日、文化財保存技術保持者に指定される。
1977年	10月8日、薬師寺西塔起工式。11月10日、現代の名工として表彰。
1978年	5月22日仏舎利奉納。11月8日西塔立柱式。

1979年	4月9日西塔鎮壇具埋奉。6月三蔵院試案手伝い。9月中門・回廊試案。地蔵院改築。11月西塔相輪奉着。この頃から、今に続く、昭和の大伽藍三蔵院建立の話が具体的になっていく。
1980年	2月東僧房着工、10月西塔木工完了。
1981年	5月15日勲四等瑞宝章受章。5月29日日本建築学会賞受賞。5月30日、共著『法隆寺』でサンケイ児童出版文学賞受賞。6月中門実施設計。三蔵院用のヒノキ材の検分に台湾へ。
1984年	10月中門完成。ひきつづき三蔵院の落慶式。11月起工式。
1988年	80歳。三蔵院の棟梁として指揮をとるかたわら、回廊、講堂再建の準備を進めている。
1992年	宮大工として初めて文化功労者に選ばれる。
1993年	斑鳩町名誉町民となる。
1995年	4月11日、永眠。享年86。
2003年	2月4日、妻カズエ永眠。3月21日、大講堂落慶。薬師寺白鳳伽藍の復興ほぼ完了。

浮世に言い忘れたこと

三遊亭圓生

昭和の大名人、六代目三遊亭圓生が軽妙な語り口で魅せる随筆集。噺家や落語ファンだけでなく、せわしない現代を生きる多くの人々に様々なヒントを与えてくれる良質の伝書。明治、大正、昭和。日本の古き良き大衆文化を体感。